RESSEGURO E SEGURO

Ponto de contato entre negócios jurídicos securitários

Conselho Editorial
André Luís Callegari
Carlos Alberto Molinaro
Daniel Francisco Mitidiero
Darci Guimarães Ribeiro
Draiton Gonzaga de Souza
Elaine Harzheim Macedo
Eugênio Facchini Neto
Giovani Agostini Saavedra
Ingo Wolfgang Sarlet
Jose Luis Bolzan de Morais
José Maria Rosa Tesheiner
Leandro Paulsen
Lenio Luiz Streck
Paulo Antônio Caliendo Velloso da Silveira
Rodrigo Wasem Galia

A473r   Alvarez, Ana Maria Blanco Montiel.
        Resseguro e seguro: ponto de contato entre negócios jurídicos securitários / Ana Maria Blanco Montiel Alvarez. – Porto Alegre: Livraria do Advogado Editora, 2014.
        140 p.; 23 cm.
        Inclui bibliografia.
        ISBN 978-85-7348-924-8

        1. Resseguro - Brasil. 2. Seguro - Brasil. 3. Direito - Contratos. 4. Administração de risco. I. Título.

        CDU 368.022:34(81)
        CDD 368.981

    Índice para catálogo sistemático:
1. Resseguro: Brasil   368.022:34(81)

(Bibliotecária responsável: Sabrina Leal Araujo – CRB 10/1507)

Ana Maria Blanco Montiel Alvarez

RESSEGURO E SEGURO

Ponto de contato entre negócios jurídicos securitários

Porto Alegre, 2014

© Ana Maria Blanco Montiel Alvarez, 2014

Projeto gráfico e diagramação
Livraria do Advogado Editora

Revisão
Rosane Marques Borba

Imagem da capa
Stock.xchng

Direitos desta edição reservados por
Livraria do Advogado Editora Ltda.
Rua Riachuelo, 1300
90010-273 Porto Alegre RS
Fone/fax: 0800-51-7522
editora@livrariadoadvogado.com.br
www.doadvogado.com.br

Impresso no Brasil / Printed in Brazil

Ao Alejandro e à Beatriz.

Agradecimentos

O trabalho que me propus não teria alcançado êxito algum sem a contribuição de cada uma das pessoas as quais, no curso da sua realização, acrescentaram conhecimento, experiência, compreensão, e, com generosidade, souberam partilhar um pouco de si, o que significou, ao fim, muito para mim.

Agradeço, em primeiro lugar, à Professora Doutora Judith Martins-Costa pelo exemplo constante de amor, dedicação, desprendimento, generosidade, sabedoria, e grandeza de espírito na vida acadêmica. Agradeço pelos ensinamentos imprescindíveis do Direito pela ótica da confiança e da boa-fé; pela persistência e dedicação em formar graduandos, mestres e doutores capazes de transcender seus próprios limites e os conceitos fechados, as fórmulas prontas e acabadas, o pensar estreito, e o agir descomprometido com a reflexão e a produção séria, ética e profunda do conhecimento.

Agradeço ao Professor Doutor Carlos Klein Zanini, que me acolheu em meio ao curso do mestrado, e compartilhou a propriedade de seu conhecimento e de sua experiência. Agradeço aos Professores Doutores Gérson Luiz Carlos Branco, Véra Maria Jacob de Fradera, André Corrêa, Adalberto Pasqualotto e Luis Renato Ferreira da Silva pelo exemplar senso crítico, sempre tão apurado, realista, objetivo e construtivo, sem o que não se faz academia.

Agradeço ao Alejandro Montiel Alvarez por todo o incentivo, pelas críticas, pelos debates dos mais variados temas do Direito, da Justiça e da Ética, pelas lições de Filosofia do Direito e Filosofia Política, e, sobretudo por mostrar o mundo sob a perspectiva do encantamento das ideias.

Agradeço aos amigos que me acompanharam no curso da empreitada, os quais contribuíram de inúmeras maneiras ao resultado obtido, especialmente compartilhando conhecimento, experiência jurídica e acadêmica, e obras jurídicas de grande valor: Sergio Severo, Paulo Antonio Montenegro Barbosa, Paulo Roberto Tellechea Sanchotene, Alice Martin Hartke, Guilherme Boff, Maria Lúcia Hamilton Mendes, Karen da Costa Machado, Fernanda Muraro Bonatto, Giovana Benetti, Luis Antonio Longo, Graziela Longo e [amigo ainda virtual] André Orengel Dias.

Estendo o agradecimento a Ernesto Tzirulnik e a Paulo Luiz de Toledo Piza, os quais tiveram uma determinante contribuição material ao fim ora alcançado, por generosamente propiciarem o acesso a muitas obras específicas sobre o tema, por conduzirem a outras perguntas, e por dividirem comigo parte significativa de suas histórias profissionais e acadêmicas.

Não posso deixar de agradecer com um carinho especial a atenção e a constante disponibilidade dispensadas por todos os funcionários do Programa de Pós-Graduação em Direito da Faculdade de Direito da UFRGS (PPGDir – UFRGS). De igual forma, estendo o agradecimento às bibliotecárias e demais funcionários da Faculdade de Direito.

Agradeço, por fim, a todos aqueles, familiares e amigos, os quais propiciaram as condições emocionais imprescindíveis para realização dos meus objetivos, compreendendo minha ausência e distanciamento, agradecimento que faço na pessoa de minha mãe, Marilene Severo Blanco.

Toute Pensée émet un Coup de Dés

(un coup de dés jamais n'abolira le hasard,
Stéphane Mallarmé, 1897)

Nota da autora

A presente obra é fruto dos estudos dirigidos à elaboração de dissertação de mestrado apresentada junto à Pós-Graduação em Direito, da Faculdade de Direito da Universidade Federal do Rio Grande do Sul (PPGDir – UFRGS), e foi concebida e desenvolvida sob a inspiração dos temas *partilha da álea* e *contrato de resseguro*, temas estes examinados respectivamente pela professora Doutora Judith Martins-Costa e pelo advogado e Doutor Paulo Luiz de Toledo Piza. Não há a pretensão de encerrar todos os múltiplos aspectos que se ligam à temática *resseguro* e tampouco dar como terminada a tarefa de pensar aspecto tão peculiar em matéria de resseguro como é o *princípio da partilha da álea*, o ponto de contato entre resseguro e seguro, e para o qual a vivência prática é fonte inesgotável de reflexão. A intenção da obra não é outra senão permitir a melhor apropriação de um tema pouco conhecido na cultura jurídica brasileira, tarefa para a qual foi possível contar com as apuradas críticas e sugestões dos Professores Doutores Adalberto Pasqualotto (PUCRS), Luis Renato Ferreira da Silva (UFRGS) e do próprio Doutor Paulo Luiz de Toledo Piza, além da contribuição dos orientadores Professores Doutores Judith Martins-Costa e Carlos Klein Zanini, e do amigo e advogado Ernesto Tzirulnik. Naturalmente, os erros que persistem nesta versão para publicação são imputáveis exclusivamente à autora.

Torres, fevereiro de 2013.

Lista de abreviaturas

CC –	Código Civil brasileiro
CNSP –	Conselho Nacional de Seguros Privados
DL –	Decreto-Lei
IBDS –	Instituto Brasileiro de Direito do Seguro
IRB –	IRB Brasil Resseguros S/A (atual denominação do antigo Instituto de Resseguros do Brasil)
LC –	Lei Complementar
PL –	Projeto de Lei
Res. –	Resolução
STF –	Supremo Tribunal Federal
STJ –	Superior Tribunal de Justiça
SNSP –	Sistema Nacional de Seguros Privados
SUSEP –	Superintendência de Seguros Privados

Prefácio

É com alegria que prefacio este *Resseguro e seguro: ponto de contato entre negócios jurídicos securitários,* de Ana Maria Blanco Montiel Alvarez. O leitor que dele se aproxima, avaliando-o por seu conteúdo, a riqueza das fontes, a perícia no trato dos problemas e a precisão na linguagem (de elogiar-se numa época de tanto maltrato à língua pátria) não poderá suspeitar que se trata de um primeiro livro (ao menos tendo Ana Blanco como única autora). Creio, assim, ser oportuno, antes de referir a obra, deter-me brevemente sobre sua autora.

Conheci Ana Blanco no ano de 2008, quando eu lecionava Direito das Obrigações na Faculdade de Direito da Universidade Federal do Rio Grande do Sul. Desde os primeiros contatos, impressionaram-me a dedicação aos estudos e a vontade de aprender da jovem advogada: embora já formada em Direito, comparecia todas as terças e quartas-feiras pela manhã para assistir minhas aulas para a graduação, tudo anotando, preparando textos, pesquisando por horas a fio na biblioteca, discutindo os pontos mais dificultosos com os colegas graduandos.

No ano seguinte Ana Blanco candidatou-se a uma vaga ao Mestrado em Direito no Programa de Pós-Graduação em Direito da UFRGS. A sua dedicação resultou na conquista da vaga. Já antes de ingressar no Programa, ao auxiliar-me para um projetado curso sobre o Direito do Seguro, vira-se tentada pelo tema das relações securitárias, e logo por um dos seus mais importantes – embora menos estudados[1] – aspectos, qual seja, o da concomitância entre uma *autonomia categorial e finalista* e um *nexo funcional e etiológico* entre o contrato de seguro e o de resseguro.

O tema já seria relevante por vivermos – como tem sido dito e repetido – na *sociedade do risco*, é dizer: uma sociedade e que risco e seguro

---

[1] Ressalve-se a pioneira monografia de PIZA, Paulo Luiz de Toledo. *Contrato de Resseguro*: tipologia, formação e Direito Internacional. São Paulo: Manuais Técnicos de Seguros: IBDS, 2002 e, anteriormente, O risco no contrato de resseguro. In: *Seguros: uma questão atual*. Coordenado pelo Instituto Brasileiro de Direito do Seguro – IBDS e Escola Paulista da Magistratura. São Paulo: Max Limonad, 2001.

já não mais se confinam a determinadas relações jurídicas entre grupos determinados, mas passam a caracterizar a própria estrutura social, globalmente considerada, o que fez François Ewald etiquetar a nossa época como "a era das sociedades securitárias" (*societés assurantielles*).[2] Porém, na altura, mais importante se fazia (e se faz) esse tema, pois os problemas derivados de uma deficiente compreensão das características do contrato de resseguro se tornavam a cada dia mais prementes, seja pelo recente fim do período de monopólio pelo IRB, seja pela inserção plena do Brasil na economia globalizada justamente quando se iniciavam as chamadas "grandes obras" a exigir complexas operações de resseguro. De outro modo, a insegurança seria temerária, já que o resseguro é o "seguro do segurador", como alude Ângelo Cerne[3] sendo o ressegurador, verdadeiramente o "banqueiro do segurador".[4]

Conquanto na época fosse ainda uma pesquisadora iniciante, Ana Blanco (hoje doutoranda na Universidade de São Paulo e professora de Direito Civil na Universidade Ritter dos Reis) aceitou com determinação e coragem o desafio: mergulhar nas características dogmáticas do contrato de resseguro, desvendar sua complexidade, distingui-lo do contrato de seguro denunciar os problemas e, expor suas virtualidades, apontando soluções. Para tanto contou – é de justiça afirmá-lo – com o auxílio inestimável de Ernesto Tzirulnik e de Paulo Piza, fundadores do Instituto Brasileiro do Direito do Seguro – IBDS que franquearam sua biblioteca e se prestaram ao exercício do diálogo que sustenta a atividade do intelecto. E Ana aproveitou a oportunidade, acabando por produzir um estudo cuja utilidade é adivinhada desde as primeiras páginas.

Consistindo o "tecido conectivo da indústria seguradora"[5] o resseguro "coloca-se como um fator iniludível de viabilidade da própria indústria securitária".[6] Sua função pode ser equiparada, por outra metáfora, àquela exercida pela coluna vertebral no corpo humano: o resseguro assume o "papel de sustentação de toda estrutura técnico-econômica

---

[2] EWALD, François. *L'État Providence*. Paris: Bernard Gasse, 1986, p. 20.

[3] CERNE, Ângelo. *O Seguro Privado no Brasil*. Belo Horizonte: Livraria Francisco Alves, 1973, p. 85.

[4] Assim lembra Jaramillo, ao citar Henri Le Blanc (JARAMILLO, Carlos Ignácio. Configuración y Alcance de la 'Comunidad de Suerte' en el Contrato de Reaseguro: generalidades, justificación, vigencia, limitaciones básicas y proyección internacional. In: *Revista Ibero-Latinoamericana de Seguros*, n. 10, jul. 1997, Colômbia, p. 100).

[5] ALVIM, Pedro. *O contrato de Seguro*. 3ª ed. Rio de Janeiro: Forense, 1999, p. 359.

[6] PIZA, Paulo Luiz de Toledo. O risco no contrato de resseguro. In: *Seguros: uma questão atual*. Coordenado pelo Instituto Brasileiro de Direito do Seguro – IBDS e Escola Paulista da Magistratura. São Paulo: Max Limonad, 2001, p. 88.

da atividade securitária, permitindo-lhe que se mantenha em pé e que possa caminhar adiante".[7]

Porém, para que possa oferecer a utilidade que lhe é própria como mecanismo jurídico-econômico de enfrentamento e assunção de riscos, o resseguro precisa ser desvendado em seus aspectos dogmáticos. Foi esta a tarefa assumida com tanto êxito por Ana Blanco Alvarez.

O livro ora prefaciado inicia com aprofundado exame da estrutura e da função do contrato de resseguro, pois bem sabe a Autora que, no Direito, os conceitos não têm "essência" – têm função e têm História, nas quais se moldam estruturadamente para atender a necessidades práticas. Desvendadas as formas operacionais e modalidades técnicas de resseguro, é focado o tema da autonomia do contrato de resseguro frente ao contrato de seguro a partir dos elementos essenciais do negócio securitário: risco e interesse (objeto do negócio securitário); prêmio (prestação); e garantia (contraprestação). Como conclusão, afirma a Autora voltarem-se, resseguro e seguro à consecução de uma garantia, tanto como contraprestação, quanto como expressão da função econômico-social do negócio securitário. No resseguro esta função – especificada pelas funções de atomização e divisão do risco, financiamento ou de crédito, e prestação de serviço – revela-se através da diluição ou limitação dos efeitos jurídico-econômicos decorrentes do exercício da atividade precípua da seguradora-ressegurada: fornecimento de seguro.

Já por essa certeira análise dogmática o trabalho estaria justificado. Mas Ana Blanco vai além, enfrentando o tema da *partilha da álea*, diretriz que manda ao ressegurador acompanhar a sorte do segurador como corolário da função econômico-social conectada ao resseguro. Defende-se que, em razão da própria razão de ser do resseguro como instituto jurídico, o ressegurador deve compartilhar análoga responsabilidade à que corresponde ao segurador em virtude dos efeitos patrimoniais sofridos pelo segurador por conta do sinistro. Em consequência, se o segurador resulta comprometido, em razão do contrato, igualmente resulta comprometido o ressegurador.

Ana Blanco realiza a distinção conceitual entre álea (sorte) e risco com maestria, demonstrando que o compartilhamento do destino (*the fortune*) está ligada não ao risco – elemento de toda e qualquer operação econômica contratual – mas vincula-se à sorte técnica e à partilha das ações do segurador, ligada à sorte técnico-comercial do segurador-ressegurado. Seu fundamento está na conexão funcional entre ambos os

---

[7] PIZA, Paulo Luiz de Toledo. O risco no contrato de resseguro. In: *Seguros: uma questão atual*. Coordenado pelo Instituto Brasileiro de Direito do Seguro – IBDS e Escola Paulista da Magistratura, São Paulo: Max Limonad, 2001, p. 89.

contratos e no princípio da boa-fé objetiva. Este incide especialmente na fase da regulação do sinistro, pois vista a relação obrigacional como um processo direcionado ao seu adimplemento,[8] o desate contratual só estará realizado depois de liquidado o sinistro, cumpridos os deveres contratuais.

Ocorre que a gestão do contrato de seguro (incluindo todas as fases perpassadas pelo vínculo obrigacional securitário) é do segurador e não do ressegurador, de modo que o princípio da boa-fé em sua vertente lealdade e cooperação é chamado a atuar para modular o exercício jurídico.

Os autores são concordes, com efeito, ao estabelecer a conexão entre o princípio do compartilhamento da sorte e o princípio da boa-fé que, nas relações de Direito Securitário, se faz presente do modo mais intenso, em sua dupla acepção, a subjetiva e a objetiva, constituindo não apenas um imperativo de consideração e lealdade com o parceiro, mas se apresentando estruturalmente, na arquitetura dos direitos e deveres contratuais, na "base genética e funcional da relação ressegurativa".[9]

A expressão "comunidade de álea" bem denota o fundo comunitário – isto é, a associação de interesses em vista do que há de ponto em comum a ambos os contratos, seguro e resseguro: a identidade na álea conducente à comunidade indireta no risco, segundo a qual o ressegurador participa, consoante o contrato, nos efeitos sobre o patrimônio do segurador em virtude da realização dos riscos por ele segurados. Autorizada é, assim, a conclusão da Autora, segundo a qual "constantemente, resseguro e seguro se aproximam e se afastam, mantendo-se, contudo, sempre funcionalmente conectados: a partilha da álea, princípio pelo qual o ressegurador compartilha os resultados experimentados pelo segurador-ressegurado, constitui a expressão sintetizada dessa dinâmica".

Já por essas breves linhas poderá o leitor comprovar a utilidade do estudo de Ana Blanco na compreensão teórica dessas espécies

---

[8] Para essa perspectiva v., por todos, COUTO E SILVA, Clóvis. *A Obrigação como Processo*. Rio de Janeiro, FGV, 2006.

[9] Assim, JARAMILLO, Carlos Ignácio. Distorción Funcional del Contrato de Reaseguro Tradicional. *Colección Ensayos*, Tomo VII. Ed. ALCODESE, Colombia, Bogota, 1999, p. 61. BROSETA PONT, Manuel. *El Contrato de Reaseguro*. Madri, Aguilar, 1961, p. 26; HILL, M. CONCEPCION. *El Reaseguro*. Bosch, Barcelona, 1995, p. 127 e ss; WALHIN, Jean-François. *La Réassurance*. Cahiers Financiers, Lancier, p. 197; MONTI, Alberto. *Buona Fede e Assicurazione*, Milano: Giuffré: 2002 e também: *Buona fede e Assicurazione*: il nuovo Codice Civile brasiliano e il Diritto Comparato. Palestra apresentada no III FORUM DE DIREITO DO SEGURO JOSÉ SOLLERO FILHO – IBDS – Instituto Brasileiro de Direito do Seguro.Museu de Arte de São Paulo. 25 a 27 de novembro de 2002. Tratei do tema em: MARTINS-COSTA, Judith. O Contrato de Resseguro e o Princípio da Partilha da Álea. In *Revista Brasileira do Seguro e da Responsabilidade Civil*, v. 1, 2009, p. 157-179.

contratuais, bem como no enfrentamento dos casos práticos que suscitam. Utilidade que é, aliás, própria da verdadeira Dogmática Jurídica: auxiliar a compreender; orientar a aplicação dos modelos jurídicos prescritivos; propor, com prudência e sofisticação intelectual, *modelos de compreensão* das categorias jurídicas, razão pela qual, ao aprovar o texto que ora segue como Dissertação de Mestrado, os ilustres componentes da Banca examinadora,[10] ao atribuírem à Autora a nota máxima, recomendaram expressamente a sua publicação.

Canela, maio de 2014

Judith Martins-Costa

---

[10] Formada pelos Professores Paulo de Toledo Piza, Adalberto Pasqualotto e Luis Renato Ferreira da Silva.

Sumário

Introdução............23

Parte I – Estrutura e função do contrato de resseguro............35

  1. Estrutura............39
    1.1. Qualificação e razão da qualificação das partes............39
      1.1.1. Formas operacionais e modalidades técnicas de resseguro............48
        1.1.1.1. Formas operacionais............49
        1.1.1.2. Modalidades técnicas............51
      1.1.3. Autonomia do contrato de resseguro frente ao contrato de seguro a partir dos elementos essenciais do negócio securitário............60
        1.1.3.1. Risco e interesse (objeto do negócio securitário)............61
        1.1.3.2. Prêmio (prestação)............64
        1.1.3.3. Garantia (contraprestação)............68
  2. Função do negócio jurídico ressecuritário............74
    2.1. Função econômico-social do negócio jurídico ressecuritário............76

Parte II – Partilha da álea em vista da estrutura e da função do contrato de resseguro............85

  1. Álea e risco............88
    1.1. Álea e contrato aleatório............88
    1.2. Álea normal e risco contratual............93
    1.3. Risco do negócio securitário............102
  2. Partilha da álea............107
    2.1. Boa-fé e conexão funcional............108
    2.2. Partilhar as ações e partilhar o destino............114
    2.3. Limites à partilha da álea............120

Conclusão............131

Bibliografia............135

Introdução

Imagine-se a hipótese de uma seguradora a qual tomou para si, mediante um contrato de seguro, riscos de grande magnitude e repercussão patrimonial relativos à produção de energia nuclear, e, procurando se precaver dos riscos advindos da atividade securitária que lhe é própria, contratou um resseguro. Imagine-se que os riscos relativos ao contrato de seguro tenham se concretizado, e, assim sendo, a seguradora, que contrapresta a garantia ao segurado, tenha de proceder a vultosa indenização correspectiva. E, em razão do contrato de resseguro, a seguradora-ressegurada, por sua vez, aciona a resseguradora, procurando obter a indenização devida em virtude da garantia prestada pela resseguradora. Imagine-se mais, conquanto haja disposições contratuais variadas regulando os termos pelos quais se dá a garantia devida pela resseguradora, esta se negue a partilhar a sorte, vulnerabilizando a seguradora econômica e financeiramente. Cogite-se, por fim, como resultado prático dessa hipótese: a) em relação à seguradora, a possibilidade de insolvabilidade técnica e financeira do chamado *fundo garantidor*, e a possibilidade de consequente comprometimento de sua atuação no mercado; b) em relação ao segurado, inviabilidade de contratação de novo seguro, exigido legalmente em razão da atividade exercida (produção de energia nuclear), nos termos até então contratados, submetendo o segurado à contratação de seguro em novos moldes, com cobertura mais restrita e custo mais elevado; c) em relação à nova seguradora, a qual aceitou realizar novo seguro, o esvaziamento de sua margem técnica e econômica, pela contratação de resseguro mediante o mínimo de retenção de riscos pela seguradora, e o máximo de subscrição de riscos a várias resseguradoras, circunstância que (c.1) acaba por vulnerabilizar também o segurado, o qual não tem pretensão e ação em relação às resseguradoras, e, (c.2) em última análise, afeta o mercado securitário.[1]

---

[1] Este é um exemplo simplificado, e serve à ilustração e introdução do tema. Muitas vezes, riscos de grande magnitude são objeto de cosseguro, e o resseguro pertinente faz-se perante vários resseguradores, nacionais e/ou estrangeiros. Esclarece-se que a expressão "mercado securitário", quando utilizada neste trabalho, diz respeito ao mercado securitário como um todo, no qual o

Sob tal hipótese, ficta, mas potencialmente real, se pode pensar e abordar o tema da presente obra: qual o tratamento jurídico do contrato de resseguro a partir da articulação do chamado *princípio da partilha da álea*, funcionalmente inerente à relação estabelecida entre o contrato de resseguro e o contrato de seguro, o ponto de contato entre ambos os negócios jurídicos securitários. Segundo tal princípio, em linhas muito preliminares, a resseguradora *seguirá a sorte* da seguradora quanto aos efeitos patrimoniais resultantes da atividade securitária, *compartilhando* tais efeitos.

Examinando-se a relação ou ligação entre as figuras contratuais do seguro e do resseguro, e definidas as particularidades de cada uma dessas figuras, colocam-se os problemas: a) o que é tal princípio; b) quais seus limites; e, c) e como se dá sua aplicação, conforme a forma operacional e a modalidade técnica de resseguro em consideração. Buscar a resposta a tais questões passa, necessariamente, pela pesquisa e reflexão acerca de: (i) conceitos elementares em matéria de seguro e resseguro, como forma de estabelecer as premissas a partir das quais se poderá examinar, por sua vez, (ii) a *estrutura* e a *função*[2] do resseguro; e (iii) a *natureza* da estreita relação entre o contrato de resseguro e o contrato de seguro.

A pertinência justificadora deste tema reside preponderantemente no tratamento jurídico até então dispensado ao resseguro, instituto

---

resseguro se insere. Já a expressão "mercado ressecuritário" se utiliza quando o objetivo disser respeito apenas às resseguradoras e ao resseguro, em parte específica do mercado securitário no qual se inserem. Para qualquer das expressões utilizadas, a concepção que está subjacente a mercado é a "artificial" ou normativa, que se distingue de uma concepção naturalista de mercado, e é "artificial porque não 'natural', porque é 'construída', porque perspectiva o mercado como um *locus* no qual o Direito, enquanto emanação de bem precisas escolhas políticas, constitui, governa, orienta e controla. Não mais o mercado como um 'dado', portanto, mas como um 'construído': de garantia de equilíbrio econômico considerado natural, as regras jurídicas passam a ser vistas como elementos de uma determinada estrutura social. Taxis, igualmente, é a ordem econômica, pois qualquer ordem, seja espontânea ou deliberada, tem necessidade de normas 'que a fundem e constituam', porque, como sintetiza lapidarmente Irti, 'não há um antes e um depois, mas simultaneidade lógica'. Para esta concepção, não há mercado fora das decisões políticas e fora das escolhas legislativas de uma sociedade: o mercado é, com efeito, 'o regime normativo da atividade econômica', ou mais amplamente, o estatuto jurídico das relações econômicas. O que consiste em considerar, como já assinalara Karl Renner nos anos 20, que todas as instituições econômicas são, ao mesmo tempo, instituições jurídicas, muito embora ambas nem sempre coincidam, nem sempre possam subsumir-se umas nas outras.", conforme MARTINS-COSTA, Judith. Mercado e solidariedade social entre cosmos e taxis: a boa-fé nas relações de consumo, *in* MARTINS-COSTA, Judith (org.). *A Reconstrução do Direito Privado*. São Paulo: Revista dos Tribunais, 2002, p. 617.

[2] A perspectiva pela qual se examinará a estrutura e a função do negócio jurídico resseguro é a da Teoria da causa objetiva, de matriz italiana. Adverte-se, outrossim, que, embora tenha se buscado mencionar "função" para expressar a causa do negócio jurídico segundo a mencionada teoria, as expressões causa objetiva, função econômico-social e causa-função são também utilizadas vez ou outra; todas essas expressões guardam o mesmo sentido.

essencial ao funcionamento, higidez e solvabilidade do mercado securitário. Embora tal figura não se constitua uma novidade no cenário jurídico e econômico brasileiro,[3] o tratamento pertinente aos aspectos contratuais se mostra acentuadamente incipiente no Brasil. A necessidade hodierna de maior reflexão e desenvolvimento acerca do tema se dá em razão do monopólio do mercado de resseguro exercido pelo Estado até bem pouco tempo atrás. O monopólio estatal teve início em 1939, através do Decreto-Lei nº 1.186, de 03/04/1939, que criou o Instituto de Resseguros do Brasil – IRB (atualmente IRB Brasil Resseguros S/A), e perdurou até a promulgação da Lei Complementar nº 126, de 15/01/2007, quando a abertura do mercado ressecuritário se concretizou *em tese*. A abertura *de fato* do mercado se deu com o início das atividades de outros resseguradores, além do IRB S/A.[4]

Nesse interregno de tempo, desde a criação do IRB, e o longo período monopolista, passando pela recente abertura de mercado até os dias atuais, pouco foi desenvolvido em matéria de resseguro, sobremaneira no aspecto teórico-jurídico relativo ao contrato de resseguro. Por outro lado, o mercado securitário brasileiro cresceu expressivamente, destacando-se na América Latina, e, nos dias atuais, tornando-se um dos mercados mais promissores do mundo, mormente ante o notório crescimento da economia brasileira, evidenciando o papel estratégico do resseguro.

Esse incremento expressivo do mercado securitário requer um mercado ressecuritário capaz de fazer frente a tal demanda. A abertura do mercado de resseguro, a qual deve culminar com ampla concorrência como meio de sustentar os avanços do mercado securitário brasileiro até aqui e permitir sua ampliação, implica, assim, na imperiosa e premente necessidade de desenvolvimento do instituto do resseguro

---

[3] Atualmente, o resseguro é conceituado de forma ampla, como a "operação de transferência de riscos de uma cedente para um ressegurador", e que não se confunde com a retrocessão, conforme consta do inciso III do § 1º do art. 2º da Lei Complementar 126/2007. Ao tempo do monopólio, a definição de resseguro vinha dada pelo art. 20 do Decreto-Lei nº 1.186/39, que criou o IRB, como a operação à qual estavam obrigadas as seguradoras, que resseguravam "as responsabilidades excedentes da sua retenção própria em cada risco isolado.".

[4] Somente após a edição da Portaria SUSEP 2.886, de 25 de março de 2008 fez-se possível a regulamentação e o cadastramento de outros resseguradores. Em relação à abertura efetiva do mercado ressecuritário, ver BERCOVICI, Gilberto. IRB – Brasil Resseguros S.A. Sociedade de Economia Mista. Monopólio de Fato. Dever de contratar e proteção à ordem pública econômica, *in Revista de Direito do Estado*, n. 12, Rio de Janeiro, outubro/dezembro de 2008, p. 355-357. Sobre o desenvolvimento do resseguro no Brasil, indica-se o estudo procedido por DIAS, André Orengel. *Resseguro e desenvolvimento*: entre Estado e Mercado, Lei e Contrato, dissertação de mestrado apresentada junto à Escola de Direito da Fundação Getúlio Vargas de São Paulo, 2011. Nesse trabalho, o autor examinou a relação que se estabelece entre políticas econômicas de desenvolvimento, direito econômico e a concomitante regulação do setor ressecuritário que se refletiram nas chamadas cláusulas de regulação de sinistro.

em vários aspectos, em especial o aspecto jurídico. No entanto, o alcance de tal objetivo, nesse cenário de incipiente abertura mercadológica, depende sobremaneira da desenvoltura dos atores, direta ou indiretamente, envolvidos com esse processo de desenvolvimento. Por sua vez, a desenvoltura dos atores desse processo depende, em grande parte, da reflexão e maturação teórico-jurídica sobre o resseguro, aporte fundamental ao enfrentamento e solução das questões que já se colocam na prática ressecuritária,[5] como segue demonstrado.

Em razão da importância que o resseguro vem assumindo no mercado securitário, articula-se o objetivo geral ora perseguido: uma contribuição, no cenário jurídico, à harmonização da construção normativa e dogmática do *resseguro* no Brasil, tendente a balizar o tratamento jurídico adequado do tema, com isso repercutindo positivamente sobre a estabilidade e higidez do mercado securitário. Como objetivo específico, a presente obra pretende estabelecer o que é e sob quais critérios se aplica a partilha da álea no contrato de resseguro. Como evidencia o exemplo que inaugura a introdução, tal questão é essencial para o resseguro cumprir sua missão frente ao seguro, o qual, por sua vez, se alça à condição de instituição promotora de segurança na sociedade contemporânea.

No *Estado da providência*, de François Ewald, "não sendo a sociedade senão um vasto seguro contra os riscos que provoca o seu próprio desenvolvimento, é organizando-se como seguro que ela se acolhe à sua própria verdade".[6] Ilustram os primórdios de tal organização as leis relativas aos acidentes de trabalho na sociedade pós-revolução industrial. Nesse prisma, a responsabilidade jurídica, que passou da culpa ao risco, diz respeito à distribuição dos prejuízos entre os patrimônios implicados juridicamente.[7] Na *sociedade de risco*, à categoria risco acresceu-se a possibilidade *arrogante* de controle, pelo cálculo de probabilidade de ocorrência do perigo e sua dimensão, com isso possibilitando uma melhor, porque mais eficiente, distribuição de prejuízos e recursos.[8]

---

[5] Não se pretende, evidentemente, defender que o desempenho dos atores no processo de desenvolvimento do mercado ressecuritário dependa exclusivamente de uma contribuição jurídica, uma vez que o resseguro é instituto multifacetado, para cuja compreensão, por exemplo, as contribuições da economia são igualmente importantes.

[6] EWALD, François. Defesa e ilustração do Estado-Providência, *in Foucault: a norma e o Direito*. Tradução de António Fernando Cascais. Lisboa: VEGA, 1993, p. 203.

[7] Idem, p. 201-207.

[8] BECK, Ulrich. *Sociedade de Risco*: rumo a uma outra modernidade. São Paulo: Editora 34, 2010.

A partir de qualquer das percepções sociológicas sintetizadas, afirma-se o seguro como a instituição[9] capaz de responder aos anseios gerados pela insegurança, incerteza e imprevisibilidade (cifradas pela categoria risco) as quais cercam o dia a dia de qualquer indivíduo na sociedade. O seguro subtrai do indivíduo o risco que limita suas ações e seus planos, no tempo e no espaço. O seguro permite ao indivíduo a agregação de valor ao seu patrimônio (imóvel ou móvel); possibilita variadas operações de crédito (financiamentos habitacionais, de veículos, maquinários, empréstimos pessoais, etc.); viabiliza a exploração das mais diversas atividades econômicas (agricultura, indústria, comércio, prestação de serviços, construção civil, etc.); propicia segurança econômica frente aos infortúnios da vida (acidentes pessoais, doenças) ou mesmo seu conhecido e derradeiro fim (morte), neste caso, promovendo a segurança em relação aos beneficiários.

No entanto, o indivíduo não é apenas parte integrante e forjadora da sociedade (como se a simples soma dos indivíduos forjassem a sociedade), nem é apenas produto do condicionamento social (como se as decisões do indivíduo fossem condicionadas pela sociedade). Não há antítese entre indivíduo e sociedade, mas uma relação dinâmica de coimplicação,[10] e, nesse sentido, o seguro responde também aos anseios sociais.

A sociedade, tal como o indivíduo, tem interesse na segurança que agrega valor patrimonial, respalda a circulação de riquezas, confere estabilidade patrimonial diante dos infortúnios da vida, porque todas essas circunstâncias se relacionam, em maior ou menor grau, com a estabilidade econômico-social necessária ao desenvolvimento da própria sociedade. E, para além dos riscos que recaem sobre o indivíduo, há o interesse frente aos riscos os quais, dado o seu alcance, bem como seu potencial lesivo à sociedade como um todo, com mais vigor, demandam segurança. Pense-se, por exemplo, nos riscos relacionados à geração de energia (elétrica, nuclear, etc.), ou naqueles presentes junto a setores estratégicos da indústria nacional (mineração, por exemplo), ou, ainda, nos riscos diários aos quais todos estão expostos, a todo momento, como os riscos inerentes ao trânsito de veículos automotores.

---

[9] Ewald defende o seguro como uma das instituições geradoras de confiança na sociedade, sendo as demais instituições (i) a filosofia moral, (ii) a ciência, (iii) a religião, e (iv) a política e o direito. EWALD, François. *Risco, sociedade e justiça*, in IBDS Instituto Brasileiro de Direito do Seguro (coord.). *II Fórum de direito do seguro José Sollero Filho*. São Paulo: Manuais Técnicos de Seguros / IBDS, 2002, p. 27-42, especificamente quanto às instituições p. 29-32.

[10] ELIAS, Norbert. *A sociedade dos indivíduos*. Tradução de Vera Ribeiro. Rio de Janeiro: Jorge Zahar, 1994.

Mesmo na *modernidade liquefeita*, na qual o risco é substituído pela "incerteza global", porque os perigos que hoje se experimentam já não podem mais ser apreendidos na categoria "risco", mostrando-se cada vez mais inominados, imprevisíveis e incalculáveis,[11] o seguro ainda se coloca como uma resposta possível, mostrando-se útil e manejável, conforme os interesses que lhe ponham em causa,[12] e com desempenho amplamente testado.[13]

O seguro se articula no tecido social como instituição promotora de segurança, e o faz por meio de diversos instrumentos jurídicos e operações econômicas, que constituem *negócios jurídicos securitários*. O contrato de seguro por certo é sua representação concreta por excelência, mas outras figuras jurídicas e econômicas são igualmente relevantes, entre elas, o contrato de resseguro. Nesse quadrante institucional, os contratos de seguro e de resseguro estabelecem estreita relação, justificada, em última análise, pela consecução da segurança buscada pelos indivíduos e pela sociedade.

Pode-se por assim dizer que o contrato de seguro é a resposta imediata aos riscos ligados aos interesses do indivíduo e da sociedade. O contrato de resseguro, por sua função precípua, viabiliza essa resposta, mediatamente prestando segurança por respaldar tecnicamente a atividade *fornecimento de seguro*, mas sempre ligado aos riscos gerados por essa atividade frente aos interesses de quem a exerce (as seguradoras). Como se terá a oportunidade de verificar, o resseguro é produto de técnica econômica e jurídica tendente a diluir ou limitar os efeitos relativos aos riscos assumidos pela seguradora-ressegurada no exercício de sua atividade elementar, e daí por que se costuma simplificar,

---

[11] Para Bauman, "O cenário onde nascem esses perigos [...] já não é mais o da *Gesellschaft*, da sociedade; a não ser que o conceito de *Gesellschaft*, contrariando suas conotações ortodoxas, se estenda não à população de um Estado-nação territorial, mas à *população de todo o planeta*, à humanidade como um todo". A questão do perigo se coloca em razão do desequilíbrio entre poder e política, o primeiro extravasando as fronteiras nas quais a política se articula (Estado-nação territorial), demandando o que Bauman chama de "globalização positiva", que inclui a representação política, do direito e da jurisdição. BAUMAN, Zygmunt. Calcular o incalculável, *in 44 cartas do mundo líquido moderno*. Tradução de Vera Pereira. Rio de Janeiro: Zahar, 2011, p. 138-139. A percepção do "perigo sem fronteiras" também é descrita pelo mesmo autor no ensaio O horror do inadministrável, no qual aborda desde as ameaças nucleares de destruição em massa até o esgotamento econômico mundial e as catástrofes naturais, *in Medo líquido*. Tradução de Carlos Alberto Medeiros. Rio de Janeiro: Zahar, 2008, p. 96-125.

[12] Em tese, havendo respaldo técnico-econômico, qualquer interesse, frente a qualquer risco, pode ser assegurado, mesmo aqueles que se relacionem com os perigos que não são, em princípio, categorizados como risco.

[13] O seguro moderno, cujo alvorecer data do século XVI, vem se aperfeiçoando técnica, econômica e juridicamente há séculos.

explicando que "o resseguro é o seguro do seguro".[14] Conquanto tal simplificação seja imprópria, ela tem a qualidade de evidenciar a importância assumida pelo resseguro, ao lado do seguro, nas tramas concretas do tecido social.

O seguro é, antes de tudo, um meio de captação de poupança popular ou coletiva, submetido a toda uma técnica matemática peculiarmente aplicada, que reúne capital, forma um fundo comum, e promove, por um determinado espaço de tempo, a segurança frente a cada um daqueles que fizeram sua contribuição, os segurados. Entretanto, a técnica aplicada à captação e posterior distribuição pode sofrer desvios, os segurados não podem ficar desprotegidos, nem, como última e possível consequência, o sistema securitário pode ser comprometido. É preciso um mecanismo que, independente do desvio verificado, assegure a distribuição do quinhão de segurança entre os segurados, mediante a prestação de segurança a um dos elementos do sistema securitário (seguradora), e esse mecanismo é o resseguro.

Contudo, o seguro não se restringe à captação de poupança popular, o que, por si só, manifesta sua tamanha relevância social e econômica, e, por consequência, a relevância do resseguro a respaldar a atividade securitária. O seguro, como prenunciava Ascarelli na primeira metade do século XX, caracteriza "a constituição econômica do mundo moderno",[15] porque viabiliza atividades econômicas produtivas, integrando-se ao desenvolvimento do país (pense-se, por exemplo, na construção de um parque eólico para geração de energia elétrica), movimenta expressivas cifras em recursos financeiros, e constitui um mercado próprio, o mercado securitário, o qual dada sua expressão no cenário econômico e social, demanda ampla intervenção do Estado.[16]

---

[14] O problema que se coloca com essa simplificação é a indução à equivocada conclusão de que seguro e resseguro dizem respeito aos mesmos riscos, e, portanto, aos mesmos interesses relacionados. É parte deste trabalho a refutação de tal confusão, e a defesa da autonomia entre seguro e resseguro.

[15] Conforme Ascarelli, ao lado do seguro, também os títulos de crédito e as sociedades anônimas marcam a constituição econômica moderna. ASCARELLI, Tulio. *Panorama do Direito Comercial*. São Paulo: Saraiva Livraria Acadêmica, 1947, p. 34.

[16] BERCOVICI, Gilberto, Os limites ao poder normativo do Conselho Nacional de Seguros Privados (CNSP): a inconstitucionalidade da Resolução CNSP nº 224/2010 e da Resolução CNSP nº 225/2010, São Paulo, março de 2011, parecer não publicado, p. 18. Discorrendo sobre a relevância do resseguro, à época objeto de monopólio estatal pelo IRB, e enquadrando a atividade ressecuritária como atividade econômica em sentido estrito, ao invés de serviço público, com isso justificando a sujeição de tal atividade estatal à incidência dos princípios e normas relacionados ao art. 170, da Constituição Federal, tal como hoje se dá com o fim do monopólio, ver também BERCOVICI, Gilberto. IRB – Brasil Resseguros S.A. Sociedade de economia mista. Monopólio de fato. Dever de contratar. Proteção à ordem pública econômica (parecer), *in Revista de Direito do Estado*, n.12, Rio de Janeiro, outubro/dezembro 2008, também disponível em <http://www.ibds.

O resseguro é a operação econômica e o instrumento jurídico, o mecanismo de segurança imediatamente relacionado à atividade securitária,[17] e, dada a relevância assumida, constitui-se o resseguro em parte fundamental à estruturação do mercado securitário. O ressegurador, por meio do resseguro, assume os riscos que recaem sobre as seguradoras, em razão de sua atividade, respaldando-as técnica e financeiramente. E quando o resseguro alcança tal finalidade, não só contribui à prestação de segurança devida pelas seguradoras, pelo aparelhamento destas dos meios técnicos e econômico-financeiros necessários a sua atuação, como marca o desenvolvimento do mercado securitário, elemento estratégico no setor econômico. Dada a tamanha expressão do resseguro no mercado securitário, e, de outro lado, a ainda modesta exploração e reflexão acerca de todos os aspectos jurídicos que o cercam, é que se propõe o exame de tal instituto, restringindo-se a abordagem, tanto quanto possível, aos meandros do direito contratual.[18]

Justifica-se, outrossim, a abordagem do tema outras questões atuais em matéria de regulação do resseguro, as quais, direta ou indiretamente tocam o aspecto contratual deste instituto. Em concomitância à elaboração deste trabalho, delineava-se a discussão sobre a validade e eficácia de recentes resoluções editadas pelo Conselho Nacional de Seguros Privados (CNSP),[19] [20] que alteraram a Resolução CNSP 168/2007,

com.br/artigos/sociedade-de-economia-mista-dever-de-contratar-e-ordem-publica-economica-parecer-gilberto-bercovici.pdf>, acessado em 30 de outubro de 2011, p. 23 e ss..

[17] O resseguro não se constitui a única ou última instância de segurança da atividade securitária, pois além do resseguro há a retrocessão, a qual, nos termos do inciso IV, art. 2º, da Lei Complementar 126/2007, é designada como a "operação de transferência de riscos de resseguro de resseguradores para resseguradores ou de resseguradores para sociedades seguradoras locais".

[18] A compreensão e a articulação do resseguro, enquanto complexa operação econômica e jurídica, requerem conhecimento de outras áreas jurídicas, como direito societário, direito internacional, arbitragem, e mesmo de outras áreas do conhecimento humano, como economia, contabilidade e matemática. Obviamente, não é possível esgotar o tema resseguro segundo todas essas perspectivas e outras mais que se fizerem necessárias, limitando-se o presente trabalho à perspectiva de direito contratual.

[19] O CNSP é órgão integrante do Sistema Nacional de Seguros Privados consoante art. 8º do Decreto-Lei 73, de 21 de novembro de 1966. O Sistema Nacional de Seguros Privados é integrado, outrossim, pela Superintendência de Seguros Privados (SUSEP), pelos resseguradores, pelas sociedades autorizadas a operar seguros privados e pelos corretores habilitados do setor. Compete ao CNSP, de maneira geral: fixar diretrizes e normas da política de seguros privados; regular a constituição, organização, funcionamento e fiscalização dos que exercem atividades subordinadas ao Sistema Nacional de Seguros Privados, bem como a aplicação das penalidades previstas; fixar as características gerais dos contratos de seguro, previdência privada aberta, capitalização e resseguro; estabelecer as diretrizes gerais das operações de resseguro entre outras competências (art. 32, DL 73/66). Toda a legislação pertinente ao Sistema Nacional de Seguros Privados, bem assim as medidas de regulamentação administrativa, e os processos administrativos pertinentes às sociedades seguradoras e resseguradoras, podem ser consultados no endereço <http://www.susep.gov.br>.

[20] As resoluções em discussão são a 225/2010 e a 232/2011, CNSP, ainda em vigência.

a qual, por sua vez, dispunha sobre a atividade de resseguro, retrocessão e sua intermediação, entre outras providências. As resoluções editadas pelo CNSP – ainda em vigor – pretendem estabelecer os termos segundo os quais se dará a concorrência no mercado ressecuritário, regulamentando, tal como a Resolução CNSP 168/2007, disposto na Lei Complementar 126/2007 e o Decreto-Lei 73/1966 ainda em vigência.

O cerne da discussão colocada é a previsão, nas mencionadas resoluções, de: a) obrigatoriedade de a sociedade seguradora contratar com resseguradoras locais, pelo menos 40% de cada cessão de resseguro em contratos automáticos ou facultativos,[21] contratos nos quais se faz possível a previsão da "cláusula de controle de sinistro a favor do ressegurador local, quando este detiver maior cota de participação proporcional ao risco";[22] b) proibição, às seguradoras e resseguradoras, da transferência de mais de 20% do prêmio às empresas do mesmo grupo no exterior,[23] ressalvados os ramos garantia, crédito à exportação, rural, crédito interno e riscos nucleares.[24]

Junto às questões de ordem política e econômica envolvidas, há toda uma questão jurídica subjacente, que se relaciona mediata ou imediatamente com a regulamentação do resseguro nos termos resumidos acima: desde os aspectos relativos aos limites do poder normativo do CNSP e, via de consequência, da legalidade das resoluções editadas,[25] até a repercussão de tais resoluções no mercado, em especial no plano contratual, em matéria de resseguro.[26]

---

[21] Alterando-se, assim, a redação do art. 15, da Resolução CNSP 168/2007, através do art. 1º, Resolução CNSP 225/2010.

[22] Entre aspas o parágrafo único acrescido ao art. 39, da Resolução CNSP 168/ 2007, através do art. 2º, da Resolução CNSP 225/2010.

[23] Proibição ainda mais drástica havia sido feita pela Resolução 224/2010, atualmente revogada pela Resolução CNSP 232/2011, mas que manteve a idéia de proibição de transferência, no caso, de parte considerável do prêmio às instituições do mesmo grupo, no exterior. Na Resolução CNSP 224/2010, previa-se a vedação de transferência de quaisquer responsabilidades assumidas em seguro, resseguro e retrocessão no país, às empresas do mesmo grupo no exterior. Recentemente, a Resolução CNSP 245, de 06 de dezembro de 2011, revogou o § 2º do art. 14 da Resolução 168/2007, o qual definia "empresas ligadas, ou pertencentes ao mesmo conglomerado financeiro". Tal circunstância em nada afetou os problemas estabelecidos pela Resolução CNSP 232, que tomou o lugar da Resolução CNSP 224/2010.

[24] Modificando-se, assim, o §4º e acrescendo os §§ 5º, 6º, 7º e 8º do art. 14 da Resolução CNSP 168/2007, através do art. 1º da Resolução CNSP 232/2011.

[25] O parecer elaborado por Gilberto Bercovici a respeito das Resoluções 224/2010, revogada pela 232/2011, e 225/2010, disseca todas as implicações legais e constitucionais relativas ao tema. Os limites ao poder normativo do Conselho Nacional de Seguros Privados (CNSP): a inconstitucionalidade da Resolução CNSP nº 224/2010 e da Resolução CNSP nº 225/2010, São Paulo, março de 2011, parecer não publicado, gentilmente compartilhado por Ernesto Tzirulnik.

[26] Por exemplo, e no que diz respeito ao tema do presente trabalho, a previsão da obrigatoriedade de regulação de sinistro pelas resseguradoras locais. A liquidação de sinistro, ao tempo do monopólio, competia ao IRB (art. 44, g, DL 73/66, artigo atualmente revogado), que delegava a tarefa às

Ainda que, recentemente, tenha sido ressalvada a possibilidade de contratação de percentual inferior com os resseguradores locais, "exclusivamente quando ficar comprovada a insuficiência de oferta da capacidade dos resseguradores locais",[27] persiste o problema colocado pelas resoluções recentes do CNSP.[28] Há tão só a previsão de uma exceção à regra da obrigatoriedade, mantendo-se, todavia, a obrigatoriedade que a Lei Complementar 126/2007 não prevê.[29] As medidas administrativas, que regulam a atividade dos principais setores do mercado, operam no campo das liberdades econômicas, afetando, por consequência, as liberdades de iniciativa, de concorrência, de contratar e a liberdade contratual. Assim, mesmo indiretamente, o contrato, instrumento de produção e de circulação de riqueza no mercado, acaba afetado, positiva ou negativamente.[30] Tal circunstância, por si só, justifica a atenção ao contrato de resseguro sob viés jurídico.

Sob outra perspectiva, coloca-se o resseguro no centro do debate, realçando-se a sua vital relevância no mercado securitário, ao se defender a necessidade de inclusão das *operadoras de planos de assistência à saúde* (cooperativas médicas, odontológicas, etc.) como *cedente*, alterando-se a Lei Complementar 126/2007. A justificativa é de que essas

---

seguradoras até determinado nível de prejuízos estimados. Dava-se, assim, um dos aspectos mais negativos do monopólio, e que reaparece com tais resoluções, apesar da abertura do mercado ressecuritário: a submissão das seguradoras à ingerência dos resseguradoras, ainda que locais, no processo de regulação de sinistros, circunstância que pode ter diversos resultados negativos. Tais resultados compreendem desde a mora da seguradora frente ao segurado até a chamada *desnaturalização* do próprio contrato de resseguro, uma vez que a resseguradora passaria a desempenhar função inerente ao dever da seguradora frente ao segurado. Elide-se, com isso, a autonomia do contrato de resseguro, ato entre terceiros em relação ao segurado. A propósito, ver artigo de PIZA, Paulo Luiz de Toledo, A mora da seguradora e o controle da regulação de sinistro pela resseguradora, *in* IBDS (org.), *II Fórum de Direito do Seguro José Sollero Filho*, São Paulo: EMTS/IBDS, 2001, p. 163-178. No entendimento de Gilberto Bercovici a regulação de sinistro pelos resseguradores locais acaba por significar "imposição de posições contratuais" que se revelam, no setor econômico, como indesejável abuso de posição dominante, e devem ser coibidas pela lei concorrencial (Lei 8.884/94). Outrossim, a atribuição da liquidação de sinistro aos resseguradores locais sequer atende a eventual interesse de preservação de mercado interno, "pois as decisões destes resseguradores locais continuarão sujeitas às resseguradoras estrangeiras, com os quais eles são obrigados a retroceder e pulverizar os riscos, até por falta de capacidade própria.". BERCOVICI, Gilberto. *Os limites ao poder normativo do Conselho Nacional de Seguros Privados (CNSP)*: a inconstitucionalidade da Resolução CNSP nº 224/2010 e da Resolução CNSP nº 225/2010, São Paulo, março de 2011, parecer não publicado, p. 37-40.

[27] Ressalva procedida pela Resolução CNSP 241, de 1º de dezembro de 2011.

[28] Em especial, pela Resolução 225/2010.

[29] É, a propósito, tal circunstância devidamente enfrentada no parecer de BERCOVICI, Gilberto. *Os limites ao poder normativo do Conselho Nacional de Seguros Privados (CNSP)*: a inconstitucionalidade da Resolução CNSP nº 224/2010 e da Resolução CNSP nº 225/2010, São Paulo, março de 2011, parecer não publicado, p. 30-31.

[30] BERCOVICI, Gilberto. *Os limites ao poder normativo do Conselho Nacional de Seguros Privados (CNSP)*: a inconstitucionalidade da Resolução CNSP nº 224/2010 e da Resolução CNSP nº 225/2010, São Paulo, março de 2011, parecer não publicado, p. 23.

pessoas jurídicas, fornecedoras de planos de saúde e seguro, se guiam pelos mesmos critérios técnico-atuariais e se organizam economicamente tal como uma seguradora em sentido estrito, e dado o risco técnico ao qual estão expostas, demandam igualmente o mecanismo de resseguro.[31]

Não obstante, tramita junto à Câmara dos Deputados o Projeto de Lei 3.555/2004, ao qual se apensou o Projeto de Lei 8.034/2010, que pretende estabelecer as normas gerais dos contratos de seguro, entre os quais se inclui o contrato de resseguro, repercutindo diretamente sobre este e o seu tratamento jurídico. Uma das questões em debate junto à Câmara dos Deputados diz respeito à exclusão da expressão "salvo disposição em contrário" constante no art. 66 do Projeto de Lei 3.555/2004, dispositivo que trata da previsão de abrangência da totalidade do interesse do ressegurado pelo resseguro, cuja redação completa é: "O resseguro, *salvo disposição em contrário*, abrangerá a totalidade do interesse ressegurado, incluído o interesse da seguradora relacionado à recuperação dos efeitos da mora no cumprimento do contrato de seguro, bem como as despesas de salvamento e as efetuadas em virtude da regulação e liquidação do sinistro, amigável ou judicial, observada a modalidade de contratação do resseguro".[32] Em síntese, a proposta defende a necessidade de imprimir cogência a tal previsão, calcada na "desejável segurança das relações jurídicas" pelo acolhimento do *princípio da partilha da álea*, e calcada, consequentemente, no intuito de evitar distorções do contrato de resseguro.[33]

Com intuito de contribuir à maturação e ao tratamento jurídico do resseguro frente ao seguro pelo viés do princípio que lhe toca na essência – a partilha da álea – elaborou-se esta obra, estruturada em duas partes. A primeira, denominada *Estrutura e Função do contrato de resseguro*, e subdividida em dois capítulos, destina-se ao estabelecimento de conceitos elementares à compreensão do contrato de resseguro. O primeiro capítulo, denominado *Estrutura*, busca estabelecer o arcabouço conceitual do resseguro, marcando sua autonomia em relação ao

---

[31] A alteração da Lei Complementar 126/2007 com essa finalidade é objeto do Projeto de Lei do Senado 259/2010. Desde junho de 2011 até última verificação realizada, em janeiro de 2014, a informação da tramitação do mencionado projeto indicava a espera da inclusão na pauta para votação.

[32] Originalmente correspondente ao artigo 73, da primeira versão do projeto 3.555/2004, e, atualmente, corresponde ao art. 70 do Projeto de Lei 8.034/2010.

[33] O Projeto de Lei 8.034/2010, em seu artigo 70, já não prevê a expressão "salvo disposição em contrário". Sua redação é: "O resseguro, observada a modalidade contratada, abrangerá a totalidade do interesse ressegurado, incluído o interesse da seguradora relacionado à recuperação dos efeitos da mora no cumprimento dos contratos de seguro, bem como as despesas de salvamento e as efetuadas em virtude da regulação e liquidação dos sinistros".

contrato de seguro, e, tanto por isso, sempre que pertinente, contrasta-se o contrato de resseguro frente ao contrato de seguro. O capítulo subsequente verte-se ao exame da *Função* do resseguro, constituindo-se em pressuposto necessário ao exame da partilha da álea, porque, como antecipado, a articulação de tal princípio está *funcionalmente* ligada à relação estabelecida entre os contratos de seguro e resseguro.

Na segunda parte do trabalho, denominada *Partilha da álea em vista da estrutura e da função do contrato de resseguro*, uma vez compreendido o contrato de resseguro, parte-se ao aprofundamento de questões especificamente implicadas pela partilha da álea, dividindo-se em dois capítulos. O primeiro destinado a analisar e precisar conceitualmente a *álea* e o *risco*, para os fins de situar a abordagem do tema central [partilha da álea]. A análise da álea centra-se em dois enfoques, (i) no contexto do negócio securitário, confrontada, no âmbito generalizado do (ii) contrato aleatório. O risco, por sua vez, é examinado em busca de uma compreensão conceitual no âmbito contratual, e por isso refletido frente ao risco do negócio securitário. Neste ponto, reflete-se o risco na sociedade contemporânea, caracterizada pela diminuição do perigo e o incremento do risco,[34] e no tempo, o tempo futuro, o "campo do jogo" do risco.[35] Em seguimento, e superadas as questões ligadas à álea e ao risco, a partilha da álea ganha relevo sob dois enfoques: a) da boa-fé e da conexão funcional; b) da *partilha do destino* e da *partilha das ações*, propondo-se a análise distintiva entre a sorte técnica e a sorte técnico-comercial do segurador-ressegurado. Passa-se, então, ao aprofundamento do exame da partilha da álea, examinando-se os seus limites, e se desenvolve prospectivamente os critérios legais que podem balizar a partilha da álea nos contratos de resseguro.

Por fim, é importante advertir que o atingimento do objetivo a que se propõe este trabalho depende fundamentalmente das dúvidas e críticas que venham a ser formuladas, essenciais à continuidade da reflexão e maturação teórico-jurídica acerca do resseguro como parte integrante e de demonstrada relevância ao mercado securitário.

---

[34] PASSOS, J.J. Calmon de. O risco na sociedade moderna e seus reflexos na teoria da responsabilidade civil e na natureza jurídica do contrato de seguro. Jus Navigandi, Teresina, ano 7, n. 57, 1 jul. 2002, disponível em <http://jus.uol.com.br/revista/texto/2988>, acessado em 21 de novembro de 2011.

[35] BERNSTEIN, Peter L. *Desafio aos deuses: a fascinante história do risco*. Tradução Ivo Korytowski. Rio de Janeiro: Campus, 1997, p. 15.

Parte I

Estrutura e função do contrato de resseguro

Antecipa-se, como ponto de partida para o desenvolvimento da obra, a compreensão do seguro e do resseguro alinhada à *Teoria da Assunção do Risco*,[36] concebendo-se o *seguro* como o contrato pelo qual a prestação do segurador não se constitui no pagamento de eventual indenização, mas na assunção do risco, no suportar o risco contra o qual o segurado quer se resguardar, desde a conclusão do contrato. Tal prestação tem seu cumprimento implicado pelo fato de o segurador estar pronto a indenizar ao longo da relação contratual, revelando o seguro como um contrato sinalagmático ou de prestação correspectiva.[37]

A compreensão do seguro a partir da ideia de assunção do risco não elide as importantes contribuições feitas pela Teoria da Empresa e pela Teoria da Desintegração Econômico-Jurídica do Risco, próximas no resultado, mas distintas no desenvolvimento de sua formulação,[38] as

---

[36] Chamada *Gefahrtragungstheorie* ou *teoria della sopportazione del rischio*, sustentada por Von Gierke, Bruck, Fanelli, Ferri, Stolfi, Greco entre outros.

[37] Aborda as teorias que buscam a conceituação e compreensão do seguro, BUTTARO, Lucca, Assicurazione (contratto di), *in Enciclopedia Del Diritto*, Vol. III Ari – Atti. Varese: Giuffrè, 1958, p. 455-492, especificamente p. 463-465. Também discorre a respeito da teoria da assunção do risco, filiando-se a ela, Moitinho de Almeida, o qual destaca que a adoção de tal teoria não justifica a concepção do contrato de seguro como comutativo, mantendo-se sua compreensão como aleatório: "É certo que a doutrina da suportação do risco concebe a prestação do segurador mesmo antes da verificação do sinistro e que a atribuição patrimonial a este ligada não dispõe de autonomia, uma vez que se traduz em um aspecto da mesma prestação. Mas não vemos qualquer relação possível entre essa falta de autonomia, e o não constituir exclusivamente a atribuição patrimonial a prestação do segurador, e a determinação de incerteza do sinistro na função típica do contrato". MOITINHO DE ALMEIDA, José Carlos. *O contrato de seguro no direito português e comparado*. Lisboa: Sá da Costa, 1971, p. 29-30. Como se verá a seguir, as teorias da empresa e da desintegração econômica do risco deram importante contribuição à compreensão do seguro, no sentido de tornar inequívoca sua condição comutativa ao invés de aleatória, apesar de o professor Moitinho vislumbrar a dispersão do risco e a compensação que procede a empresa seguradora no exercício de sua atividade como aspecto técnico que não repercute no aspecto jurídico: individualmente considerado o contrato de seguro tem natureza aleatória, sustenta Moitinho. Haverá oportunamente neste trabalho a abordagem da álea e do contrato aleatório, ponto no qual se examinará a natureza deste contrato.

[38] A proximidade do resultado de ambas as teorias (de empresa e da desintegração econômico-jurídica do risco) diz respeito à possibilidade de compreender o contrato de seguro como co-

quais, contudo, não explicam ou justificam por si só, de forma suficiente, o seguro.[39] Em realidade, qualquer uma das teorias mencionadas não explicaria ou justificaria suficientemente o seguro, de forma que podem ser assimiladas como etapas importantes no processo reflexivo a respeito do tema. Cada uma fornece o aporte relacionado com a perspectiva através da qual o seguro pode ser visto, qualquer delas desenvolvida segundo a compreensão lançada sobre o contrato de seguro, buscando precisá-lo conceitualmente, assim explicando a atividade securitária.

A contribuição tomada em conta, oriunda da *Teoria da Empresa*,[40] é a perspectiva do *seguro* a partir da necessária empresarialidade a ser preenchida pelo segurador.[41] Isto é, o segurador, necessariamente uma empresa, é o único capaz de assumir e reunir riscos, para dispersá-los homogeneamente em dada população a ser formada (organização da mutualidade), com isso viabilizando técnica e economicamente o seguro, resultando numa perspectiva do contrato do seguro como comutativo, ao invés de aleatório.[42]

A crítica colocada à *Teoria da Empresa* é centrada em dois argumentos: primeiro, a insuficiência da explicação por tomar em consideração

---

mutativo, ao invés de aleatório, bem assim com o fato de que ambas referem a atividade técnica securitária em sua formulação. Explicando ambas, IPPOLITO, Rosário. L'evoluzione normativa del rischio nella teoria dell'assicurazione (seconda parte), *in Assicurazioni*, Anno XLVIII, Fasc. 4, luglio-Agosto 1981, p. 387-415, especificamente p. 387-389.

[39] Há um breve exame da evolução das teorias que marcaram o conceito de seguro, incluindo outras teorias por ora não mencionadas, como a *teoria indenitária, teoria do interesse*, a *teoria da necessidade eventual* e a *teoria da previdência*, em PASQUALOTTO, Adalberto. *Contratos nominados III*: seguro, constituição de renda, jogo e aposta, fiança, transação e compromisso. São Paulo: Editora Revista dos Tribunais, 2008. (Biblioteca de direito civil. Estudos em homenagem ao Professor Miguel Reale; v. 9 / coordenação Miguel Reale e Judith Martins-Costa), p. 35-45. Sob a perspectiva do risco, as principais teorias também foram examinadas, em três partes, por IPPOLITO, Rosário. L'evoluzione normativa del rischio nella teoria dell'assicurazione. A primeira parte do mencionado trabalho *in Assicurazioni*, Anno XLVIII, Fasc. 2, Marzo-Aprile 1981, p. 155-185; a segunda parte *in* Assicurazioni, Anno XLVIII, Fasc. 4, luglio-Agosto 1981, p. 387-415; e a terceira parte *in* Assicurazioni, Anno XLVIII, Fasc. 5-6, Settembre-Dicembre 1981, p. 477-492.

[40] Chamada *teoria dell'imprensa* ou teoria da organização sistemática, desenvolvida por Cesare Vivante, na primeira edição de *Il contratto di assicurazione*, Milão, 1885.

[41] Em razão da análise de tal teoria centrar-se em um elemento subjetivo da relação obrigacional, no caso, o segurador, pode ser tida como uma teoria subjetiva.

[42] No Brasil, esta teoria é defendida por Fabio Konder Comparato, inclusive para explicar, na esteira de Vivante, a comutatividade, ao invés da aleatoriedade, do contrato de seguro, O *Seguro de Crédito*. São Paulo, Revista dos Tribunais, 1968. Ressalta-se que, posteriormente, na quarta edição de seu *Trattato di diritto commerciale*, de 1929, Vivante distinguiu entre o contrato de seguro e a empresa, para afirmar que o primeiro seguia aleatório, enquanto que a empresa realizava a tão só eliminação do risco contratual, em que pese não tenha se mostrado o autor, em tal afirmação, convencido ou convincente a respeito, como observa IPPOLITO, Rosário. L'evoluzione normativa del rischio nella teoria dell'assicurazione (prima parte), *in Assicurazioni*, Anno XLVIII, Fasc. 2, Marzo-Aprile 1981, p. 155-185, especificamente p. 175.

para tanto apenas uma das partes, neste ponto inserindo-se, outrossim, a discussão sobre a possibilidade e quais os efeitos jurídicos em se admitir, ou não, que um contrato de seguro seja firmado por segurador não constituído como uma empresa;[43] segundo, o equívoco em pretender explicar o contrato de seguro pelos meios técnicos utilizados.[44]

A *Teoria da Desintegração Econômico-Jurídica do Risco* consiste na identificação da causa do seguro com a desintegração econômica do risco no âmbito da atividade securitária, pelo procedimento técnico dividido em duas fases distintas, as quais, em suma, constituem a tarefa da *empresa* seguradora acima descrita: (1) dispersar o risco individual numa massa de riscos homogêneos, (2) redistribuindo o risco então disperso "através da determinação da fração matemática do evento em risco, que incide na estrutura do contrato singular, e que permite a determinação quantitativa da obrigação do segurado, isto é, do prêmio no sentido técnico".[45]

A *Teoria da Desintegração Econômico-Jurídica do Risco* desenvolveu-se por influência das ideias do alemão Haymann, o qual, a partir de uma noção normativa ampliada acerca de prestação, introduz no conceito de prestação do segurador a promessa de garantia patrimonial, como tutela do interesse da contraparte (o segurado), baseando nisto o vínculo sinalagmático e oneroso do contrato de seguro. Absorvida pela doutrina italiana, contribuiu para a reflexão acerca do sinalagma no contrato de seguro, daí desenvolvendo-se a ideia de a prestação do segurador abarcar a *neutralização* do risco, pela dispersão do risco na mutualidade e apuração matemática do custo inerente.

No âmbito ressecuritário, a *Teoria da Assunção do Risco* implica a apreensão de uma unicidade da estrutura e da funcionalidade no contrato de resseguro, independente da forma ou modalidade técnica considerada, revelando a sua função precípua como garantidor da "proteção e viabilização do próprio exercício da atividade securitária".[46] Como aponta Piza, em relação à *Teoria da Assunção do Risco*, o

---

[43] IPPOLITO, Rosário. L'evoluzione normativa del rischio nella teoria dell'assicurazione (prima parte), *in Assicurazioni*, Anno XLVIII, Fasc. 2, Marzo-Aprile 1981, p. 174.

[44] Nesse sentido, PONTES DE MIRANDA, Francisco C. *Tratado de Direito Privado*. Tomo XLV. Rio de Janeiro: Borsoi, 1964, § 4.911, item 2.

[45] Conforme IPPOLITO, Rosário. L'evoluzione normativa del rischio nella teoria dell'assicurazione (seconda parte), *in Assicurazioni*, Anno XLVIII, Fasc. 4, luglio-Agosto, 1981, p. 387-415, especificamente p. 389, ressaltando-se que as expressões entre aspas constituem tradução livre das colocações do mencionado autor.

[46] Conforme PIZA, Paulo Luiz de Toledo. *Contrato de Resseguro*: tipologia, formação e Direito Internacional. São Paulo: Manuais Técnicos de Seguros: IBDS, 2002, p. 140-141. Em capítulo específico deste trabalho, por ocasião da abordagem da função econômico-social do resseguro, retomar-se-á essa questão.

resseguro se constitui em "'fator de produção' do seguro", pelo qual "se 'reduziria' um risco do segurador, qual seja, o de ter de responder por eventual incorreção na repartição mutualística dos riscos segurados a que se volta". Em outros termos, o resseguro reduz o risco que recai sobre o segurador, o segurado fica a salvo de novas contribuições a serem fixadas para tratar de resultados negativos oriundos dos desvios e desequilíbrios aos quais o seguro está sujeito, o que, ressalva Piza, de fato ocorre na indústria securitária.[47]

Tem-se, assim, o *contrato de resseguro*, independente da forma e modalidade técnica considerada, como um seguro no sentido estrito, e é contrato relacionado ao contrato de seguro subjacente, mas com este não se confunde. Há, evidentemente, uma estreita relação entre essas duas figuras contratuais.[48] Como mencionado, *o resseguro é produto de técnica econômica e jurídica tendente a diluir ou limitar os efeitos advindos da concretização dos riscos assumidos pela seguradora-ressegurada no exercício de sua atividade elementar*, o fornecimento de *seguro*.

Contudo, o contrato de resseguro é categoria contratual autônoma, ligada diretamente ao patrimônio da seguradora-ressegurada, garantindo a higidez econômico-financeira do fundo constituído frente a determinados riscos, precavendo a seguradora dos danos advindos da atividade exercida.[49] Não há, assim, identidade de objeto com o contrato de seguro subjacente, valendo, por isso, ressalvar que a ideia de "transferência" dos riscos, da seguradora à resseguradora, se dá apenas metaforicamente.

---

[47] PIZA, Paulo Luiz de Toledo. *Contrato de Resseguro*: tipologia, formação e Direito Internacional. São Paulo: Manuais Técnicos de Seguros: IBDS, 2002, p. 138 e ss. Faz-se, neste ponto, importante ressalva. Conquanto da leitura da obra de Piza a autora tenha compreendido equivocadamente a afeição de Piza à *Teoria da Assunção do Risco*, o próprio autor refuta que assim seja, preferindo adotar, em matéria de resseguro, a *Teoria da Desintegração Econômico-jurídica do Risco*. Tal circunstância não altera a substância do pensamento ora expressado, porquanto se entende, como acima demonstrado, que ambas as teorias não são anatgônicas ou excludentes. O resseguro enquanto operação técnica de fato atua como fator de desintegração do risco, mas juridicamente extravassa tal atuação, representando a assunção de riscos que recairiam com exclusividade sobre a seguradora.

[48] Ou "conexão funcional", nas palavras de Judith Martins-Costa, em palestra relativa ao tema Contrato de Resseguro e o Princípio da Partilha da Álea, proferida *por ocasião do* V Forum de Direito do Seguro "José Sollero Filho", organizado pelo Instituto Brasileiro de Direito do Seguro (IBDS), junho de 2009, São Paulo (SP) a qual, posteriormente, resultou no artigo O Contrato de Resseguro e o Princípio da Partilha da Álea, in Revista Brasileira do Seguro e da Responsabilidade Civil, v. 1, 2009, p. 157-179. Essa *conexão* será igualmente abordada em tópico específico, por ocasião da verificação de eventual identidade com os fenômenos contratuais contemporâneos, tais como os contratos relacionais e os contratos conexos.

[49] Nessa senda, o contrato de resseguro é *espécie* de *contrato de seguro de danos*, conforme Judith Martins-Costa, MARTINS-COSTA, Judith, O Contrato de Resseguro e o Princípio da Partilha da Álea, *in Revista Brasileira do Seguro e da Responsabilidade Civil*, v. 1, 2009, p. 157-179. Maria Concepción Hill Prados, detendo-se sobre tal questão, especifica a classificação do resseguro como seguro relativo ao nascimento de uma dívida ou seguro de patrimônio. *El reaseguro*. Barcelona: Bosch, 1995, p. 92 e ss.

1. Estrutura

É possível abordar o resseguro como a operação através da qual as seguradoras põem a salvo a higidez e solvabilidade do *fundo garantidor*,[50] constituído pelos prêmios captados, frente aos riscos assumidos por força dos contratos estabelecidos junto aos segurados. Igualmente é possível, desta ideia, extrair a elementar noção do contrato de resseguro como o instrumento jurídico utilizado pelas partes – seguradora e *resseguradora* – para estabelecer de que forma e em que termos será realizado esse *asseguramento* frente aos riscos inerentes à atividade securitária, pela resseguradora.

Nesse ínterim, e para fins de precisão conceitual em relação ao contrato de resseguro, tanto quanto possível for precisar conceitualmente um contrato, a primeira questão a se examinar diz respeito à *qualificação* das partes no contrato de resseguro, e *por que razão* se dá a qualificação verificada.

1.1. Qualificação e razão da qualificação das partes

Discutiu-se por muito tempo[51] em relação ao *seguro a prêmio fixo* ou *seguro comercial*,[52] e atualmente, sob outra perspectiva, discute-se em

---

[50] Em que pese muitas vezes ao longo do trabalho se mencione o resseguro como o meio apto a garantir a atividade técnica da seguradora – perspectiva ampla, mas procedente – é preciso ressaltar que, técnica e especificamente, o resseguro respalda imediatamente um *fundo garantidor* ou um *fundo securitário*, mediatamente respaldando tecnicamente a seguradora. Refere-se, pois, o resseguro como voltado à atividade técnica da seguradora para fins de facilitar a compreensão do resseguro, dada a amplitude dessa perspectiva, e porque também a doutrina especializada assim se expressa, sem que isso, no entanto, represente prejuízo à compreensão do resseguro, como contrato ou como operação técnica.

[51] A discussão de que se está a tratar foi inaugurada com as ideias de empresarialidade defendidas por Cesare Vivante, quem primeiro advogou a teoria da empresa em relação ao exame do seguro, em sua obra Il conttrato di Assicurazione, de 1885, e adentrou o século XX, em especial junto à doutrina italiana, com repercussões na doutrina brasileira. Como identifica Piza, entre os italianos, Donati, Ascarelli, Giuseppe Baveta e Santoro Passareli, são os expoentes da compreensão segundo a qual a empresa não é requisito essencial a repercutir sobre o contrato de seguro, enquanto Vivante, G. Ferri, Gambino, Rosario Ippolito, sustentam posição diametralmente oposta. PIZA, Paulo Luiz de Toledo. *Contrato de Resseguro*: tipologia, formação e Direito Internacional. São Paulo: Manuais Técnicos de Seguros: IBDS, 2002, p. 121 e ss. No Brasil, Fabio Konder Comparato, ainda na década de 60, se coadunou com a penetração da empresa na estrutura do contrato de seguro (O *Seguro de Crédito*. São Paulo, Revista dos Tribunais, 1968), posição que acabou por reverberar no entendimento atual de que o seguro, ao contrário do pregado por tradicional manualística, não é contrato aleatório, mas comutativo. Compreendendo o seguro como contrato comutativo, ao invés de aleatório, TZIRULNIK, Ernesto, *in Regulação de sinistro*, 3 ed. São Paulo: Max Limonad, 2001, invocando diversos autores, entre eles Vera Helena de Mello Franco, Nelson Borges, Fábio Ulhoa Coelho, Paulo Luiz Toledo Piza e Judith Martins-Costa [esta autora em parecer não publicado, de dezembro de 2001]. No mesmo sentido, o parecer de SILVA, Ovídio Baptista da. Direitos individuais homogêneos e relações comunitárias (parecer). *in O Segu-*

em relação ao seguro mútuo,[53] se o contrato de seguro requer o preenchimento do requisito da *empresarialidade*, em relação à seguradora, para sua consecução, de forma a compreender que *a empresa penetra na estrutura do contrato*.[54]

Tomando em consideração o disposto no art. 757, parágrafo único, do atual Código Civil, o qual prevê "Somente pode ser parte, no contrato de seguro, como segurador, entidade para tal fim legalmente autorizada", parece absolutamente sem sentido considerar qualquer dúvida a respeito do tema [necessidade de empresarialidade em relação à seguradora para a consecução do contrato de seguro]. E se, em

---

ro e as sociedades cooperativas: relações jurídicas comunitárias. Porto Alegre: Livraria do Advogado, 2008, p. 73-98; e o parecer de PASSOS, J. J. Calmon dos. A atividade securitária e sua fronteira com os interesses transindividuais. Responsabilidade da SUSEP e Competência da Justiça Federal. *Revista dos Tribunais*, v. 763, maio 1999, p. 95-102.

[52] A expressão *seguro a prêmio fixo* ou *seguro comercial* é comumente utilizada para designar o seguro explorado comercialmente por empresa legalmente constituída para tanto, a seguradora, seguro o qual tem por especial nota a bilateralidade (segurado-seguradora), e que costuma se contrapor ao *seguro mútuo*, este autogerido pelo grupo que o institui e cujo prêmio não é fixo (podendo variar o prêmio conforme se experimentem os riscos contra os quais foi instituído), e no qual a mutualidade, como relação de reciprocidade entre todos os segurados, se destaca. Para exame mais detido do seguro mútuo em relação a outras formas semelhantes, especialmente frente ao seguro comercial (ou a prêmio fixo), ver SILVA, Ovídio Baptista da. Natureza jurídica do contrato de previdência privada, *in O Seguro e as sociedades cooperativas*: relações jurídicas comunitárias. Porto Alegre: Livraria do Advogado, 2008, p. 43-71.

[53] A perspectiva pela qual se discute o requisito da *empresa* em relação ao seguro mútuo diz respeito à legitimidade da associação para a consecução do seguro mútuo. O seguro mútuo era tratado no Código Civil de 1916 nos artigos 1466 a 1470 (Lei 3.071/1916), cujas disposições *não* foram repetidas no Código Civil vigente (Lei 10.406/2002), o qual, no parágrafo único do art. 757, dispõe que "Somente pode ser parte, no contrato de seguro, como segurador, entidade para tal fim legalmente autorizada". O Projeto de Lei 3.555/2004, que pretende estabelecer as normas gerais em contratos de seguro privado, em substitutivo apresentado pelo Dep. Leandro Sampaio (PPS/RJ), contém em seu art. 2º disposição no mesmo sentido do parágrafo único do art. 757. No entanto, apesar da inexistência de previsão legal sobre a possibilidade do seguro mútuo atualmente, o posicionamento de Adalberto Pasqualotto parece acertado quanto à viabilidade de tal espécie de seguro, independente da constituição formal de empresa. A III Jornada de Direito Civil, promovida pelo Conselho da Justiça Federal (out/2002), aprovou enunciado proposto por Pasqualotto admitindo o seguro associativo a partir do exercício da autonomia privada. Consta do enunciado: "A disciplina dos seguros do Código Civil e as normas de previdência privada, que impõem a contratação exclusivamente através de entidades legalmente autorizadas, não impedem a formação de grupos restritos de ajuda mútua, caracterizadas pela autogestão". PASQUALOTTO, Adalberto. *Contratos nominados III*: seguro, constituição de renda, jogo e aposta, fiança, transação e compromisso. São Paulo: Editora Revista dos Tribunais, 2008. (Biblioteca de direito civil. Estudos em homenagem ao Professor Miguel Reale; v. 9. Coordenação Miguel Reale e Judith Martins-Costa), p. 85. Esse posicionamento, da viabilidade do seguro mútuo, independente da empresarialidade como requisito para tanto, tal como se exige por ocasião do seguro comercial, é possível porque, no seguro mútuo, a mutualidade se dá com especial relevo e particular dinâmica, permitindo a dispensa da empresa uma vez que o seguro mútuo somente é possível a partir da mutualidade *consciente* enquanto vínculo de reciprocidade e coimplicação entre as partes contratantes.

[54] Síntese da compreensão de Ferri (["L'Impresa nella Struttura del Contratto di Assicurazione") e Capotosti ("La Riassicurazione: Il contratto e L'imprensa") em relação ao contrato de seguro, conforme exame procedido por PIZA, Paulo Luiz de Toledo. *Contrato de Resseguro*: tipologia, formação e Direito Internacional. São Paulo: Manuais Técnicos de Seguros: IBDS, 2002, p. 121 e ss.

seguimento, se pensar o contrato de resseguro como seguro em sentido estrito, tal como é, e admitir-se a aplicabilidade subsidiária da regulação destinada ao seguro, parece igualmente resolvida a questão de saber se o requisito da empresarialidade, em relação à resseguradora, repercute no contrato de resseguro.

No entanto, a questão da empresarialidade inerente ao contrato de seguro toca questões mais complexas relativas a tal figura contratual, que extravasam a simples disposição legal. A solução subsidiária ao contrato de resseguro, por sua vez, simplifica não só a questão precedente (empresarialidade, em relação à seguradora, a repercutir sobre o contrato de seguro), como também a questão colocada em relação ao resseguro, contrato sob exame.

Conquanto a ideia de aplicação subsidiária, no contrato de resseguro, da regulamentação destinada ao contrato de seguro não seja incorreta, é solução que requer profunda compreensão do contrato de resseguro, em especial quanto a sua função. Tal formulação pode levar à compreensão equivocada de que o resseguro se regula inclusive pelas cláusulas do seguro subjacente, assim prejudicando ou elidindo a autonomia do resseguro. Como será oportunamente abordado, o risco e o interesse do seguro são diferentes do risco e do interesse do resseguro, evidentemente não cabendo a simples extensão clausular de um (seguro) ao outro (resseguro).[55]

Ao empreender a tipologia do contrato de *resseguro*, Paulo Piza examina como um índice do tipo a questão relativa à *qualificação das partes* na relação contratual ressecuritária, iniciando sua abordagem exatamente sobre essa questão precedente, a empresarialidade da seguradora a gerar efeito sobre o contrato de *seguro*. Em síntese, segundo Piza, o exercício empresarial como pressuposto da atividade securitária ganha importância com a compreensão consolidada de que tal pressuposto atende a exigência técnica da seguradora, propiciando a distribuição dos riscos assumidos sobre uma massa de contratos, cuja administração requer a forma empresarial.[56]

---

[55] Em tal sentido, parece equivocada a compreensão do autor espanhol Broseta Pont, segundo o qual o tratamento jurídico do resseguro tem por referencial a consideração das "condiciones y cláusulas del seguro principal". Ainda que caiba a exceção em relação às condições e cláusulas específicas que não se podem presumir conhecidas pela resseguradora, o autor sustenta que "[...] cuando en la notificación de que se cede parte del riesgo se comunican al reasegurador las líneas generales de la póliza del seguro originario, porque en la práctica de los seguros son manifiestas y conocidas las condiciones generales utilizadas por los aseguradores". Trata-se de princípio adotado pelo autor, segundo o qual "el reaseguro se contrata según 'las condiciones y cláusulas del seguro principal'". BROSETA PONT, Manuel. *El contrato de reaseguro*. Madrid: Aguilar, 1961, p. 28.

[56] PIZA, Paulo Luiz de Toledo. *Contrato de Resseguro*: tipologia, formação e Direito Internacional. São Paulo: Manuais Técnicos de Seguros: IBDS, 2002, p. 120.

A compreensão da indispensabilidade do elemento empresa evoluiu concomitantemente à evolução da própria técnica securitária. Em um primeiro momento, a atividade securitária organizada através da empresa atendia à necessidade de reunião dos riscos assumidos pelo segurador, como forma ainda rudimentar da instituição do "comércio sistemático de seguro".[57] Perfectibilizou-se, posteriormente, a compreensão da essencialidade da empresa quando as atenções voltaram-se ao prêmio frente aos riscos, passando o prêmio a ser compreendido como a contribuição que respalda o pagamento das indenizações devidas aos segurados,[58] com isso instituindo a dispersão dos riscos individuais em meio à massa de segurados. Em outras palavras, os riscos passaram a ser geridos – pelo segurador, organizadamente através da empresa – no âmbito de uma mutualidade.

Subjacente a essa compreensão está a técnica atuarial aplicada e reveladora de que o prêmio "é uma prestação que se determina em função de uma possibilidade abstrata, inferida da lei dos grandes números, de tal sorte que os critérios técnicos para a sua determinação, assim como a própria disciplina positiva, ao colocarem em relação um segurado individual com a massa de segurados, representam, na verdade, a aplicação do *princípio da mutualidade*, que se opera justamente mediante a inserção do risco singular na coletividade de riscos".[59]

Tanto a indispensabilidade da empresa no que diz respeito ao contrato de seguro, quanto o *princípio da mutualidade*, podem ser pensados sob a perspectiva da *segurança*. François Ewald, ao tratar dos temas *risco*, *sociedade* e *justiça*, traça um paralelo entre quatro conjuntos de instituições nas quais a segurança, compreendida como *confiança*, é buscada pelo homem, elevando o seguro a mais uma instituição produtora desse bem [confiança].[60] O seguro tem como diferencial em relação às demais instituições uma tecnologia própria, e é através dessa tecnologia aplicada que o seguro, enquanto instituição, é capaz de pro-

---

[57] Expressão de Vivante, destacada por PIZA, Paulo Luiz de Toledo. *Contrato de Resseguro*: tipologia, formação e Direito Internacional. São Paulo: Manuais Técnicos de Seguros: IBDS, 2002, p. 120.

[58] Ou, nas palavras do Piza, o prêmio passou a ser perspectivado como "uma contribuição que o segurador recolhe junto a cada segurado, a fim de reunir os recursos necessários ao cumprimento da exigência de fazer frente ao pagamento de indenizações, possibilitando-se a atribuições patrimoniais individuais". Idem, p. 120-121.

[59] Idem, p. 121, grifou-se.

[60] Interessante verificar que o autor inicia sua abordagem pelo significado da palavra *seguro*, em cujo léxico francês tem como primeira referência o sentimento de confiança. As demais instituições que o autor aborda foram já salientadas em nota à introdução deste trabalho. EWALD, François. Risco, sociedade e justiça, *in* IBDS (org.). *II Fórum de direito do seguro José Sollero Filho*. São Paulo: Manuais Técnicos de Seguros / IBDS, 2002, p. 27-42, especificamente p. 29-32.

duzir a confiança, a segurança, o *bem comum* perseguido pelo grupo de segurados.

A segurança pode ser pensada, assim, na esteira do que também coloca François Ewald,[61] como "uma técnica, a técnica do risco, tal como a formula a ciência actuarial",[62] isto é, a "tecnologia do risco".[63] O risco, por sua vez, é compreendido como "um modo de tratamento específico de certos acontecimentos que podem suceder a um grupo de indivíduos, ou mais exactamente a valores ou capitais possuídos ou representados por uma colectividade de indivíduos, ou seja, por uma população".[64] Sob tal perspectiva, "um certo tipo de racionalidade, aquele que formaliza o cálculo das probabilidades"[65] é subjacente à segurança, e o risco *produzido* passa a se constituir em um *princípio de objetivação* e em um *princípio de objetividade*.

O risco confere objetividade aos acontecimentos previsíveis, tais como morte, invalidez, acidente, furto, perda, etc. [*princípio de objetivação*], e segundo a associação da estatística ao cálculo de probabilidade, esses acontecimentos passam a ser objetivamente considerados [*princípio da objetividade*], não em razão de suas causas,[66] mas por seus efeitos.[67] É precisamente o *princípio da objetividade* o risco que interessa ao segurador, o qual assume a tarefa de "constituir uma população por meio da selecção e da divisão dos riscos",[68] resultando na chamada "socialização dos riscos".

Em contrapartida, a *segurança* [tecnologia do risco] há de ser pensada perante o grupo, ela passa pela "socialização dos riscos", fazendo "de cada um a parte de um todo", revelando que sua *operação própria*

---

[61] Conforme ensaio Foucault e a norma, *in* EWALD, François. *Foucault: a norma e o direito*. Tradução de António Fernando Cascais. Lisboa: VEGA, 1993, p. 77-125.

[62] As duas outras acepções de segurança referidas pelo autor são a) a segurança como "práticas de reparação e de indemnização por danos, que põem em prática aquela técnica segundo políticas e estratégias determinadas" e b) a segurança enquanto "instituições [...] de segurança públicas e privadas". EWALD, François. Foucault e a norma, *in* EWALD, François. *Foucault: a norma e o direito*. Tradução de António Fernando Cascais. Lisboa: VEGA, 1993, p. 88.

[63] Expressão do próprio autor, conforme EWALD, Idem, p. 89.

[64] Ibidem.

[65] Ibidem.

[66] Ewald compara a missão do estatístico e do segurador para os quais não importa qual o motivo da morte, ou do acidente, ou a quem se pode imputar a responsabilidade. "Apenas conta o facto da sua ocorrência, ou mais exactamente, da sua ocorrência multiplicada, repetida, regularmente quase idêntica a si. Acidente puro, objectivado por si mesmo, sem vítima e sem causa". Idem, p. 91.

[67] "O cálculo das probabilidades funciona como uma astúcia da razão: se as causas são desconhecidas, bem devem traduzir-se pelos seus efeitos. Abordando os simples efeitos, o cálculo permite que se lhes conheçam as leis de reprodução sem se ter de penetrar as causas". Idem, p. 92.

[68] Idem, p. 96.

é a "constituição de mutualidades, conscientes no caso das mutuais, inconscientes no das companhias de seguro".[69] Somente a partir daí, permitindo a repartição, em grupo, do que afeta um indivíduo *segundo uma regra de justiça* distributiva.[70]

A mutualidade se situa como resultado da *técnica do risco* aplicada a determinada "população", uma comunidade formada "inconscientemente" pela seleção e agrupamento de riscos por parte da seguradora. A mutualidade revela-se, assim e por ora, *vínculo fático* entre os indivíduos dessa comunidade, mas não qualquer vínculo. Trata-se de *vínculo de reciprocidade e de coimplicação* na esfera econômica securitária, em que todos se relacionam, embora inconscientemente, e o *todo* e *cada um* buscam a segurança, através da formação e manutenção do fundo comum.

Quando Ewald fala em *mutualidade inconsciente* e *mutualidade consciente*,[71] refere expressamente corresponder à primeira as companhias de seguro (ou seguro comercial), enquanto à segunda correspondem as mutuais (ou seguro mútuo). O tratamento a ser dispensado em um e em outro caso serão evidentemente diferenciados porque são diferentes os institutos quanto a sua estruturação, e especialmente no que

---

[69] EWALD, François. Foucault e a norma, *in* EWALD, François. *Foucault: a norma e o direito*. Tradução de António Fernando Cascais. Lisboa: VEGA, 1993, p. 96.

[70] Essa regra, em Ewald, é identificada como uma "regra social de justiça", a ser fixada pelo próprio grupo, Conforme EWALD, François. Foucault e a norma, *in* EWALD, François. *Foucault: a norma e o direito*. Tradução de António Fernando Cascais. Lisboa: VEGA, 1993, p. 97. Contudo, entende-se que essa regra de justiça implicada pela segurança não é outra senão regra de *justiça distributiva*. Parte excluída desta versão final ateve-se ao exame da mutualidade com o intento de propiciar a apropriação jurídica desse conceito usualmente técnico-econômico em matéria de seguro, e inerente a uma racionalidade econômica. Para tanto, considerou-se inicialmente a possibilidade de apropriação da racionalidade econômica pelo direito, exemplarmente demonstrada por LOPES, José Reinaldo de Lima. Decidindo sobre recursos escassos: raciocínio jurídico e economia, *in Direitos Sociais Teoria e Prática*. São Paulo: Editora Método, 2006, p. 265-303. E, em um segundo momento, examinou-se a mutualidade, e o que ela designa no campo securitário, frente à justiça distributiva, concluindo-se, ao fim, que a mutualidade, pensada juridicamente, tem por paradigma a *justiça distributiva*, com isso relevando-se juridicamente o bem comum que é subjacente à mutualidade, o qual se relaciona com a finalidade de um grupo determinado (o grupo de segurados): a *segurança*. A bibliografia utilizada para tanto inclui também, além das referências já mencionadas por ocasião do tema empresarialidade do seguro: LOPES, José Reinaldo de Lima, Direitos sociais como justiça distributiva, *in Direitos Sociais Teoria e Prática*. São Paulo: Editora Método, 2006, p. 146-150, e, do mesmo autor, O aspecto distributivo do Direito do Consumidor, *in* Revista de Direito do Consumidor, n. 47, ano 11, jan-mar 2002, p. 140-150; BARZOTTO, Luis Fernando. *Filosofia do Direito*: os conceitos fundamentais e a tradição jusnaturalista. Porto Alegre, Livraria do Advogado, 2010.

[71] A designação, *mutualidade inconsciente* para os seguros a prêmio fixo, e *mutualidade consciente*, para o seguro mútuo é, em realidade, atribuível a Albert Chaufton (*Les assurances: leur passé, leur présent e leur avenir*, de 1886), conforme SILVA, Ovídio Baptista da. Natureza jurídica do contrato de previdência privada, *in O Seguro e as sociedades cooperativas*: relações jurídicas comunitárias. Porto Alegre: Livraria do Advogado, 2008, p. 43-71, especificamente p. 47.

diz respeito ao estabelecimento do prêmio e ao modo como o fundo comum é administrado.[72]

Como diferença elementar, e explicativa dessa relação de inconsciência e consciência, no seguro mútuo, os próprios segurados, "conscientemente" associados, administram o fundo comum formado a partir da contribuição de cada um. Já no caso do seguro comercial, esse vínculo é inconsciente porquanto a relação se dá entre segurado e seguradora, sem que o primeiro tenha *consciência* de estar inserido numa dada população. Esta população, a seu turno, está identificada pela especificidade e homogeneização dos riscos inerentes ao seguro contratado, formadora do fundo comum a ser administrado por esse terceiro, estranho ao grupo: o segurador.

Contudo, em um e no outro caso, o *princípio da mutualidade* ou do *mutualismo* está diretamente implicado, porquanto o vínculo de coimplicação e reciprocidade entre os segurados, quer sejam associados, quer não, viabiliza *matemática* e *economicamente* o seguro: em grande escala (seguro comercial) ou em escala limitada (seguro mútuo); a prêmio fixo (seguro comercial) ou a prêmio variável, conforme se concretizem os riscos (seguro mútuo).

Adverte-se, no entanto, que a *inconsciência* do segurado, relativa a sua participação em dada população e as implicações pertinentes, não é, de forma alguma, absoluta. A própria gênese do seguro comercial, ou a prêmio fixo, refuta que assim o seja, não constituindo uma "descoberta" a verificação na história do seguro que a transferência dos riscos associada à concentração e posterior dispersão destes se deu, em concomitância, à passagem do contrato isolado de seguro para a indústria seguradora: dada circunstância implica, nas palavras de Ascarelli, o "preenchimento econômico do contrato pela mutualidade".[73]

---

[72] Como já mencionado outrora, para exame mais detido do seguro mútuo em relação a outras formas semelhantes, especialmente frente ao seguro comercial (ou a prêmio fixo), ver SILVA, Ovídio Baptista da. Natureza jurídica do contrato de previdência privada, *in O Seguro e as sociedades cooperativas*: relações jurídicas comunitárias. Porto Alegre: Livraria do Advogado, 2008, p. 43-71.

[73] Segundo Ascarelli, a ideia inicial de transferência de riscos importou em solução jurídica e individual, mas não econômica e socialmente considerada, daí fazendo-se necessária a concentração dos riscos transferidos por um mesmo sujeito, que, em contrapartida ao recebimento de vários prêmios correspondentes, sujeita-se aos ônus dos diversos sinistros. Desenvolveu-se, assim, "a ciência" da previsibilidade e cálculo que toma em consideração os prêmios pagos, os riscos assumidos, e as indenizações decorrentes de sinistros. Nesse sentido se dá o preenchimento econômico do contrato pela mutualidade, uma vez que "indiretamente, distribuem-se as conseqüências danosas de cada sinistro entre todos aquêles que estão expostos a risco". Para Ascarelli, "A história da passagem do contrato isolado de seguro, à indústria seguradora, da simples transferência dos riscos à concentração dêles, é por todos conhecida até em virtude do cinema que dedicou um filme à história do Lloyd de Londres: o célebre café em que se reuniam os primeiros seguradores inglêses." (O filme é Lloyd's of London, de Henry King, 1936). ASCARELLI, Tulio. *Panorama do Direito Comercial*. São Paulo: Saraiva Livraria Acadêmica, 1947, p. 175 e ss. Sobre a evolução histó-

A absorção de tamanha complexidade subjacente ao seguro comercial, bem assim sua disponibilização em grande escala no mercado somente é viável se compreendido o fato de a empresa não se constituir somente em quem explora tal atividade, senão que compõe necessariamente a atividade em si. Ou, como costuma ser dito, somente pelo *diafragma da empresa* o seguro a prêmio fixo é possível. A empresa, subjacente ao contrato de seguro, se constitui, assim, no único meio de empreender o seguro a prêmio fixo de forma adequada, econômica e juridicamente, em atenção à realidade hodierna, quando a *socialização do risco* é recorrentemente paradigmática em matéria de segurança.

É dizer, somente a empresa seguradora é capaz de reunir, selecionar riscos e agrupá-los conforme a formação de dada população ou comunidade de segurados, para posteriormente dispersá-los. Somente a empresa é capaz de, estabelecendo a correlação prêmio e garantia frente ao risco, internalizar a mutualidade necessária ao seguro, e atuar em espectro e escala tão amplos que "o risco individual vem a transformar-se numa fração mínima do risco coletivo".[74] E somente a empresa pode, ao fim de tal processo, subsidiar a segurança necessária e desejada em relação aos mais diversos interesses do indivíduo e da sociedade.

Quanto ao contrato de resseguro, a empresa faz-se necessária por outra razão, isto é, não aquela pertinente ao atendimento técnico-atuarial da mutualidade, e daí por que concluir a aplicação subsidiária da regra em relação ao seguro se mostra, no caso, imprópria. Como as formas operacionais e as modalidades técnicas de resseguro a serem examinadas a seguir evidenciarão, não há, em matéria de contrato de resseguro, a possibilidade de seleção e uniformização de riscos, para posterior dispersão, frente a uma dada população a ser formada. Tanto por isso o prêmio, no contrato de resseguro, é apurado de maneira diferente em relação ao prêmio do contrato de seguro.[75]

---

rica do seguro, cuja origem remonta aos seguros marítimos, ao tempo da Idade Média, ver também PONTES DE MIRANDA, Francisco C. *Tratado de Direito Privado*. Tomo XLV. Rio de Janeiro: Borsoi, 1964, e SAMPAIO DE LACERDA, J. C. *Curso de Direito Comercial Marítimo e Aeronáutico* (Direito Privado da Navegação). 3ª ed. melhorada e atualizada. Rio de Janeiro: Livraria Freitas Bastos, 1957.

[74] LA TORRE, Antonio. Diritto delle Assicurazioni. *La Disciplina Giuridica dell'Attività Assicurativa*. Milão: Giufrè, 1987, p. 3 e SS, *apud* PIZA, Paulo Luiz de Toledo. Contrato de Resseguro: tipologia, formação e Direito Internacional. São Paulo: Manuais Técnicos de Seguros: IBDS, 2002, p. 121.

[75] Ou, como apropriadamente refere Piza: "Em outros termos, não se pode negar que, se o segurador gere uma massa de contratos, recolhendo prêmios calculados segundo técnicas atuariais [...] o ressegurador, no entanto, não recebe do segurador-ressegurado um prêmio que se calcula com base numa massa de riscos cuja administração lhe caberia, a ele ressegurador, diretamente.". PIZA, Paulo Luiz de Toledo. *Contrato de Resseguro*: tipologia, formação e Direito Internacional. São Paulo: Manuais Técnicos de Seguros: IBDS, 2002, p. 129.

O contrato de resseguro pode servir à garantia dos mais variados riscos [inerentes à atividade securitária], conforme possam ser estabelecidos os riscos quantitativa, qualitativa e proporcionalmente. O resseguro atende à demanda não de uma massa de segurados (no caso, seguradores-ressegurados), mas da demanda *particular* de um único segurado, não sendo possível, pois, dispersá-los, homogeneamente, numa coletividade, numa população. Em termos simplificados, no contrato de resseguro o *princípio mutualístico* não atua de forma direta. Como refere Piza,[76] essa verificação, em tese, poderia levar à conclusão de a empresa ser, assim, dispensável para a exploração da atividade ressecuritária.

Diferentemente do seguro, cuja demanda técnico-atuarial requer a empresa como requisito essencial à exploração da atividade securitária, a tal ponto que penetra a estrutura e a causa do contrato de seguro,[77] no resseguro a empresa atende a exigência econômico-financeira relativa à atividade ressecuritária. Isso porque, como destaca Piza, somente "As empresas, com efeito, podem congregar uma garantia, em termos de solvabilidade, que a pessoa física não pode, além do que é inegável que ressegurar vários seguradores, e não um só, em ramos diversos e relativamente a riscos pertinentes a áreas geográficas diversas, constitui boa regra técnica e econômica".[78]

Assim, no contrato de resseguro, as partes contratantes são necessariamente empresas, o segurador-ressegurado, em razão do atendimento de uma exigência técnico-atuarial, e o ressegurador, por força da de-

---

[76] "[...] à medida que, no resseguro, o princípio mutualístico, ao contrário do que ocorre no seguro, não encontra detida aplicação direta, em relação ao contrato de resseguro, pode-se, em tese, denegar o exercício empresarial como essencial à prática ressecuritária, no sentido de que não concorreria como fator determinante da estrutura e da causa do contrato de resseguro." PIZA, Paulo Luiz de Toledo. *Contrato de Resseguro*: tipologia, formação e Direito Internacional. São Paulo: Manuais Técnicos de Seguros: IBDS, 2002, p. 131.

[77] Não cabe, neste trabalho, destinado ao exame do contrato de resseguro, o exame detido da estrutura e da causa do contrato de seguro, e sua relação com a empresa. Contudo, a empresarialidade, segundo compreensão dos autores filiados à Teoria da Assunção do Risco (como G. Ferri, Gambino, Konder Comparato, Rosario Ippolito, Capotosti e Piza) repercute diretamente na estrutura e na causa do contrato de seguro, uma vez que a gestão dos riscos associadas à organização empresarial disciplinam o contrato de seguro, condicionando a posição do segurado [G. Ferri], e revelam a função típica do contrato de seguro [prestar garantia], gerando, com isso, direitos e deveres coordenados entre as partes contratantes [Gambino]. Piza, alicerçando-se em Fabio Konder Comparato, refere que o seguro antes do elemento empresarial integrá-lo se constituía em contrato bilateral tal qual o jogo e aposta. Apesar de o prêmio já aparecer no seguro rudimentar, este "não pode servir, evidentemente, de índice tipológico na atualidade, em especial tendo-se em vista que o tipo social securitário, ao ser recolhido na vida negocial, pelo legislador de diversos países, na conformação do tipo legal securitário, era já aquele que trazia como pressuposto – e não como anteposto – a gestão do risco no âmbito da organização empresarial da mutualidade." PIZA, Paulo Luiz de Toledo. *Contrato de Resseguro*: tipologia, formação e Direito Internacional. São Paulo: Manuais Técnicos de Seguros: IBDS, 2002, p. 122-126.

[78] PIZA, Paulo Luiz de Toledo. *Contrato de Resseguro*: tipologia, formação e Direito Internacional. São Paulo: Manuais Técnicos de Seguros: IBDS, 2002, p. 131-133.

manda econômico-financeira da exploração da sua atividade, tal qualquer outra atividade empresarial.[79]

Em seguimento à busca da *noção conceitual* do contrato de resseguro, passa-se ao exame das formas operacionais e modalidades técnicas do contrato de resseguro. Propõe-se extrair outros importantes dados que contribuam para a precisão do contrato de resseguro, através da experiência consolidada pela prática e formadora do tipo contratual *resseguro,* por ora alargadamente considerado.

1.1.1. Formas operacionais e modalidades técnicas de resseguro

O contrato de resseguro se articula por *formas operacionais* e *modalidades técnicas* variadas, conforme o *interesse* a ser resguardado em coordenação com o *risco* considerado.[80]

São *formas operacionais* possíveis ao resseguro: (a) o *contrato individual de resseguro* (ou *contrato facultativo*); e (b) o *contrato geral de resseguro* (ou *tratado de resseguro,* ou, ainda, *contrato de resseguro de averbação*), este subdividido em (b.1) *facultativo* e (b.2) *obrigatório,* podendo ser obrigatório para uma das partes ou para ambas as partes.[81]

As *modalidades técnicas* de resseguro identificadas são: (a) os *resseguros proporcionais;* e (b) os *resseguros não proporcionais.* Ambas as modalidades subdividem-se, respectivamente, em: (a.1) *resseguro de cota parte* e (a.2) *resseguro de excedente;* e (b.1) *resseguro de excesso de dano* e (b.2) *resseguro de excesso de sinistro.*

---

[79] Ressalta-se que, no caso brasileiro, a organização do resseguro como empresa está determinada legalmente. O artigo 4ª da LC 126/2007 estipula que o ressegurador local deverá ser constituído sob a forma de sociedade anônima. Com relação ao ressegurador eventual, a lei fala em "empresa", sem especificar a forma societária. Quanto ao ressegurador admitido, a lei não expressa a organização societária a ser observada, sequer fala em "empresa", no entanto, dispõe que o ressegurador admitido deverá atender às exigências das "normas aplicáveis à atividade de resseguro e retrocessão". Conclui-se como medida impositiva a organização empresarial em relação ao ressegurador admitido, embora discutível sob qual forma societária, porquanto tal organização é exigida inclusive em relação ao ressegurador eventual, que sofre mais com a reserva de mercado do que o admitido, não havendo como justificar, lógica e juridicamente, que este possa admitir organização não empresarial, diferentemente dos demais tipos de resseguradores.

[80] PIZA, Paulo Luiz de Toledo. *Contrato de Resseguro*: tipologia, formação e Direito Internacional. São Paulo: Manuais Técnicos de Seguros: IBDS, 2002, p. 91-118 e 173-209.

[81] Compartilha-se do entendimento de Piza em relação à inadequação da classificação quantitativa e da qualitativa do resseguro. A *classificação quantitativa* comumente feita em relação ao resseguro subdivide o resseguro em *resseguro total* e *resseguro parcial,* o que é questionável em especial no caso do resseguro parcial, que não explicaria como a parcialidade possa significar "a 'cessão' de toda uma massa de negócios compreensiva de uma carteira do segurador", neste caso, sendo adequado tratar de "cessão total". Já a classificação qualitativa, que se faz em atenção à natureza dos riscos assegurados (resseguro de vida resseguro de incêndio, etc.), por sua vez, não explica o fenômeno ressecuritário de modo geral. Idem, p. 102 e ss.

1.1.1.1. Formas operacionais

As formas operacionais são as *formas* pelas quais se concretiza juridicamente a relação entre segurador-ressegurado e ressegurador,[82] e compreendem: a) forma individual e necessariamente facultativa, quanto a riscos individualmente tomados e relativos a dada operação securitária, cujo início da cobertura ressecuritária não coincide com a cobertura assumida pela seguradora-ressegurada [resseguro individual ou facultativo]; ou b) forma de um tratado, facultativo ou obrigatório, e, uma vez averbado [tal qual o seguro de averbação], propicia à seguradora-ressegurada a coincidência da vigência de cobertura, pelo prazo mínimo de um ano, em relação à parte de suas operações ou em relação a parte de sinistros de determinado ramo.

A forma operacional de *resseguro individual* (ou *resseguro facultativo*) é caracterizada por se destinar à garantia dos seguradores-ressegurados frente a riscos individuais, geralmente incomuns, ímpares, e por isso particularmente onerosos ao patrimônio do segurador. Revela-se, assim, como a opção ideal para uma determinada operação securitária, singular em relação às demais e mais comuns operações procedidas pela seguradora. Oferece a desvantagem do transcurso de lapso temporal entre a assunção dos riscos pelo segurador-ressegurado e o início da proteção ressecuritária, e por essa razão se ajusta mais adequadamente à garantia ressecuritária de interesses mais momentâneos. Daí por que o resseguro individual não é a solução ideal em relação à garantia da atividade securitária como um todo, marcada pela constante assunção de novos riscos, não se admitindo lapsos temporais entre a assunção dos riscos e a contratação de resseguro.[83]

A forma operacional do *tratado de resseguro* (ou *resseguro geral*, ou ainda, *resseguro de averbação*) representou, em matéria de resseguro, e em especial na forma obrigatória, uma inovação na prática securitária, permitindo "o início simultâneo e automático da responsabilidade do ressegurador com aquela do cedente e, portanto, a renúncia do ressegurador à seleção de riscos".[84] Destina-se à garantia frente aos riscos da atividade securitária por período ao menos anual, frente a riscos relati-

---

[82] PIZA, Paulo Luiz de Toledo. *Contrato de Resseguro*: tipologia, formação e Direito Internacional. São Paulo: Manuais Técnicos de Seguros: IBDS, 2002, p. 91.

[83] Idem, p. 99-101.

[84] ANGELI, G. La Riassicurazione. *Teoria, Pratica e Tematiche varie*. Milão: Giuffrè, 1981, p. 17, trecho também destacado por PIZA, Paulo Luiz de Toledo. *Contrato de Resseguro*: tipologia, formação e Direito Internacional. São Paulo: Manuais Técnicos de Seguros: IBDS, 2002, p. 101.

vos à parte das operações ou à parte dos sinistros por ramo da carteira da seguradora.[85]

Os chamados *tratados de resseguro facultativos* se caracterizam pela *faculdade* reconhecida a ambas as partes em relação à proposta e à aceitação, característica que contribui para a adoção cada vez mais excepcional dessa forma, frente ao fato de ser mais conveniente ao segurador-ressegurado a concomitância da garantia assumida frente aos segurados e da garantia contratada junto ao ressegurador. Por parte do ressegurador, essa forma operacional se mostra mais conveniente pela compensação dos riscos através da ampliação de apólices subjacentes ao contrato de resseguro.[86]

Já os *tratados de resseguro obrigatórios*, conforme sejam obrigatórios *para ambas as partes*, ou *para uma das partes*, implicam, na primeira hipótese, a garantia simultânea do segurador-ressegurado à assunção de riscos realizada por este, inclusive excluindo períodos de ausência de cobertura. Já na segunda hipótese, "sendo obrigatório para o ressegurador, o ressegurado remanesce livre para averbar ou não o risco (caso das chamadas *open covers*); sendo obrigatório para o segurador-ressegurado, o ressegurador remanesce livre para aceitar ou recusar a averbação do risco".[87]

Segundo Piza, sob ponto de vista do *segurador-ressegurado*, há dois fatores a justificar a obrigatoriedade apenas para o ressegurador: (i) eventual "esgotamento e superação da 'capacidade' própria de um tratado de resseguro, já que os tratados apresentam um limite 'quantitativo' de garantia";[88] e (ii) dependendo do grau da verificação dos riscos, a imediata "transferência" de certos riscos pode significar aumento do prêmio. Sob ponto de vista do *ressegurador*, o fator a justificar a obrigatoriedade apenas para o segurador-ressegurado diz respeito à possibilidade de o ressegurador avaliar os riscos, selecionando-os mediante a avaliação de sua capacidade de oferecer garantia, e manter-se em condições de aceitar os riscos.

---

[85] PIZA, Paulo Luiz de Toledo. *Contrato de Resseguro*: tipologia, formação e Direito Internacional. São Paulo: Manuais Técnicos de Seguros: IBDS, 2002, p. 99-100.

[86] Ou, como explica Piza, "do ponto de vista do segurador, a garantia imediata de sua atividade (com relação aos riscos que ele, por sua vez, garante), desde o primeiro momento em que estes ingressam na sua carteira; e, do ponto de visto do ressegurador, é, ao revés, vantajosa a possibilidade de compensar os riscos relativamente a um número bem maior de apólices". PIZA, Paulo Luiz de Toledo. *Contrato de Resseguro*: tipologia, formação e Direito Internacional. São Paulo: Manuais Técnicos de Seguros: IBDS, 2002, p. 100.

[87] PIZA, op. cit., p. 102.

[88] Ibidem.

Os tratados obrigatórios para ambas as partes pode significar a exclusão de cessão de certas situações, por força de lei ou por disposição das partes, revelando-se mais apropriada a distribuição de seus efeitos a outros participantes do mercado. Conta em desfavor dessa forma operacional, a intensificação do vínculo entre as partes, que, pela perspectiva comercial, pode gerar certo "engessamento", impedindo a qualquer uma das partes busque contratação mais vantajosa, sob o ponto de vista custo-benefício.

1.1.1.2. Modalidades técnicas

As modalidades técnicas podem ser mais facilmente compreendidas se pressuposta a forma operacional do tratado de resseguro obrigatório para ambas as partes. Também nesse ponto, mostra-se mais adequada a abordagem procedida por Piza, nesse ínterim examinando as modalidades técnicas segundo duas classes, identificadas em razão de dois fatores: "por um lado, a base técnica de cálculo do prêmio, e, por outro, a medida de participação do ressegurador na 'sorte' do ressegurado".[89] Divide-se, assim, a abordagem em: *tratados de resseguro proporcionais* (ou resseguro de riscos), estes subdivididos em *resseguro por quota-parte* e *resseguro de excedente de responsabilidade*; e *tratados de resseguro não proporcionais* (ou resseguro de sinistros), estes subdivididos em *resseguro de excesso de dano* e *resseguro de excesso de sinistro*.[90]

Com relação aos *tratados de resseguro proporcionais*, também denominados *tratados de resseguro de riscos*, são identificados como as espécies de resseguro pelas quais o ressegurador *segue a sorte* do segurador, uma vez que "participa" proporcionalmente dos resultados e danos experimentados por este. Essa ideia pode conduzir à conclusão equivocada de que os riscos em ambos os contratos – seguro e resseguro – são os mesmos.

Em realidade, a comunicação da sorte entre um e outro está relacionada não à identidade de riscos assumidos, mas em razão da proporção estabelecida, para fins de precificação, entre os prêmios e riscos de um contrato (o seguro) para o outro (o resseguro). Assim, o percen-

---

[89] PIZA, Paulo Luiz de Toledo. *Contrato de Resseguro*: tipologia, formação e Direito Internacional. São Paulo: Manuais Técnicos de Seguros: IBDS, 2002, p. 105.

[90] A abordagem das modalidades técnicas, pela perspectiva dos tratados obrigatórios para ambas as partes é comumente utilizada pelos autores por não envolverem as peculiaridades inerentes à faculdade a uma das partes, seja o segurador-ressegurado, seja o ressegurador, caso o tratado fosse obrigatório para apenas uma delas. A análise das modalidades técnicas, com um *approach* da prática ressecuritária, incluindo termos técnicos, é feita por BELLEROSE, R. Philippe. *Reinsurance for the beginner*. London: Witherby, 1998, p. 19 e ss.

tual "cedido" de riscos pelo segurador-ressegurado ao ressegurador faz com que este participe, na mesma proporção, dos riscos incumbidos ao segurador-ressegurado frente aos segurados.[91]

Capotosti explica que o segurador previamente considera uma categoria de risco homogêneo, inerentes a um mesmo ramo, e, a partir disso, estabelece a quota própria de conservação, isto é, a ficar sob sua esfera patrimonial, e a quota a ser cedida ao ressegurador. Para tanto, o segurador toma como base os próprios parâmetros técnico-financeiros, bem assim as características da carteira a ser ressegurada, determinando, ao fim, o chamado *pleno*, a unidade de medida a ser utilizada na "cessão" de riscos que se opera nos resseguros proporcionais.[92]

Os tratados de resseguro proporcionais, como dito, subdividem-se, em *resseguro por quota-parte* (ou *quota share reinsurance treaty*) e *resseguro por excedente de responsabilidade* (ou *surplus reinsurance treaty*).

O *resseguro por quota parte*, em que pese vocacionado à garantia de "riscos elevados", é também utilizado por companhias seguradoras com capacidades técnico-atuarial e econômico-financeira mais limitadas, ampliando, com isso, suas possibilidades no mercado securitário. Caracteriza-se pela cobertura ressecuritária definida em percentuais de riscos, usualmente em conformidade com a "tabela de limites", e exclui a possibilidade de seleção de riscos por parte do segurador-ressegurado.

Uma vez feita a "'repartição do risco' em bases percentuais, a prestação do segurador ao ressegurador é, também, ela calculada em bases percentuais, sobre o volume de prêmios recebidos por conta dos riscos 'repartidos'",[93] daí decorrendo a identidade dos resultados operacionais de segurador-ressegurado e ressegurador (mas não identidade quanto aos riscos, frisa-se).

Significa dizer que, estabelecido o percentual, frente aos riscos concretizados, o ressegurador participará nos termos do percentual de cessão em cada um dos riscos. Mas atenção, o risco não é eleito pre-

---

[91] A propósito, a explicação de Piza, amparado por Lambert-Faivre, que "Por meio dele, a prestação do ressegurado ao ressegurador é proporcional ao prêmio recebido por conta dos riscos a serem 'cedidos' ou melhor, dos riscos compreendidos pelo tratado como passíveis de gerar danos à atividade seguradora. Os pagamentos a cargo do ressegurador, da mesma forma, são proporcionais aos pagamentos que incumbir ao segurador, frente a seus segurados. Nesse sentido, portanto, é que o ressegurador 'participa' do 'mesmo' risco do segurador, ou, como resume Lambert-Faivre, a 'parte do ressegurador é (...) determinada e função do capital garantido pelo cedente; ele recebe a parte do prêmio correspondente e suporta os sinistros na mesma proporção; a sorte do ressegurador está ligada àquela do cedente'". PIZA, Paulo Luiz de Toledo. *Contrato de Resseguro*: tipologia, formação e Direito Internacional. São Paulo: Manuais Técnicos de Seguros: IBDS, 2002, p. 106.

[92] CAPOTOSTI, Renzo A. *La riassicurazione*: Il contratto e l'impresa. Torino: Utet, 1991, p. 112 e ss.

[93] PIZA, op. cit., p. 108.

viamente, e também não pode ser risco incomum, díspare, não homogeneizável. São definidos riscos, nesse caso, por ramo de atuação da seguradora-ressegurada.

O cálculo do prêmio devido ao ressegurador, e a parte que ficará retida junto ao segurador-ressegurado, obedece a um cálculo que multiplica o chamado LMG (Limite Máximo de Garantia)[94] pela taxa comercial atinente a cada risco. Este cálculo indica o prêmio total, e, de acordo com o percentual de retenção e cessão previamente definidos, se calculará quanto do prêmio ficará retido e quanto reverterá em favor do ressegurador (respectivamente, prêmio retido e prêmio cedido), e qual a comissão do ressegurador, percentual que incidirá somente sobre o prêmio cedido.[95]

A quota desta modalidade de resseguro pode ser repartida entre mais de um ressegurador até o seu esgotamento, isto é, abarcando todo o risco da atividade securitária. Utiliza-se, contudo, como meio de evitar a subscrição de riscos em demasia pelo segurador a previsão de "um limite máximo de responsabilidade do ressegurador, que impede a averbação ao tratado de riscos que superem determinada importância".[96]

Essa modalidade técnica de resseguro não é, todavia, favorável ao segurador porque não responde à exigências técnicas do seguro, uma vez que: a) propicia o resseguro senão de todos os riscos (tal como é possível nos Estados Unidos da América), de grande parte deles, restando ao segurador uma cota mínima, tanto dos riscos, quanto do prêmio; b) como esclarece Lambert-Faivre, "por um lado obriga o segurador direto a 'ceder' mesmo uma parcela inferior a seu 'pleno de conservação', e, por outro lado, os riscos que conserva por sua própria conta são uniformemente reduzidos, mas não se tornam homogêneos quanto a seu

---

[94] O Limite Máximo de Garantia corresponde à responsabilidade máxima do segurador frente a cada risco assumido.

[95] O exemplo trazido por João Marcos Brito Martins e Lídia de Souza Martins, em obra específica, é bastante didático. Imaginando-se o risco relativo a incêndio, é definido um LMG (limite máximo de garantia) de 1.200.000, com retenção de 40% (480.000), e cessão de 60% (720.000). Os prêmios total, retido e cedido são calculados pela multiplicação de cada valor por 0,55% (assim: a) prêmio total 1.200.000 x 0,55% = 6.600; b) prêmio retido 480.000 x 0,55% = 2.640; e c) prêmio cedido 720.000 x 0,55% = 3.960). Os sinistros a serem "aborvidos" também se guiam pela retenção ou cessão. No exemplo dos autores mencionados, na hipótese de um sinistro de equivalente a 320.000, a seguradora arcará com 40% (ou seja, 128.000), enquanto a resseguradora com 60% (correspondente a 192.000). MARTINS, João Marcos Brito; MARTINS, Lídia de Souza. *Resseguros*: fundamentos técnicos e jurídicos. Rio de Janeiro: Forense Universitária, 2008, p. 66 e ss.

[96] PIZA, Paulo Luiz de Toledo. *Contrato de Resseguro*: tipologia, formação e Direito Internacional. São Paulo: Manuais Técnicos de Seguros: IBDS, 2002, p. 108.

valor como postula a técnica securitária";[97] e c) inviabiliza o resseguro dos riscos sobre os quais efetivamente necessita de cobertura. De outro lado, Piza aponta para a existência de vantagens relativas à promoção comercial do segurador, como também sua utilidade quando se trate de *pools* constituídos para riscos particulares, ocorrendo a vinculação dos seguradores do *pool* como se tivessem celebrado "tratados *quota share* individuais".

Já na modalidade técnica de resseguro proporcional designado resseguro por excedente de responsabilidade (ou *surplus reinsurance treaty*), a proporcionalidade não se estabelece segundo a estipulação de um percentual de riscos. A proporcionalidade se dá em razão da "previsão de uma importância fixa, em *valores absolutos*, correspondente ao risco segurado",[98] cujo valor excedente, em relação ao valor estipulado, determina a participação do ressegurador.[99] O segurador-ressegurado obtém a homogeneização de sua carteira ao dar mais eficiência à lei dos grandes números e determinar a chamada perda máxima provável (ou *probable maximum loss* PMLS), na linguagem técnica.[100] O prêmio, nesta modalidade de resseguro, é verificado a partir do volume de prêmios relativos a esse excedente, mas sempre tomando em consideração os riscos remanescentes na esfera patrimonial do segurado.[101]

---

[97] LAMBERT-FAIVRE, Y. *Droit des Asssurances*. Paris: Dalloz, 1985, p. 45, *apud* PIZA, Paulo Luiz de Toledo. *Contrato de Resseguro*: tipologia, formação e Direito Internacional. São Paulo: Manuais Técnicos de Seguros: IBDS, 2002, p. 109.

[98] PIZA, Paulo Luiz de Toledo. *Contrato de Resseguro*: tipologia, formação e Direito Internacional. São Paulo: Manuais Técnicos de Seguros: IBDS, 2002, p. 110.

[99] Conforme Capotosti, "nei trattati in eccedente la ripartizione percentuale si effettua a partire di un certo ammontare o valore di rischio conservato dall'assicuratore . È solo sull'eccedente rispetto a tale valore che si applica dunque la ripartizione riassicurativa", nesse ponto cessando a diferença em relação ao tratado proporcional de quota parte, ambos (quota-parte e excedente de responsabilidade), quanto ao demais (prêmio, reembolso de indenização etc.) guardando identidade. Capotosti, no entanto, ressalta que essa é, todavia, uma exposição demasiadamente simplificada da realidade operativa, a qual comporta, como veremos a seguir, a combinação de elementos de uma e outra modalidade técnica de resseguro proporcional, além de outros *mecanismos particulares e dispositivos técnicos de vários tipos*. CAPOTOSTI, Renzo A. *La riassicurazione*: Il contratto e l'impresa. Torino: Utet, 1991, p. 113. Essa modalidade é identifica por Buttaro como *riassicurazione parziale*, e nela se concretiza com mais vigor a comunhão de interesse entre segurador-ressegurado e ressegurador no sentido de não verificação do sinistro, ainda que o segurador siga gerindo o seguro. BUTTARO, Luca. Riassicurazione, *in Enciclpopedia del Diritto*, Vol. XI Restituzione – Riunione. Varese: Giuffrè, 1989, p. 376-390, especificamente p. 378-379.

[100] ÂNGULO RODRÍGUEZ, Rodríguez, Luis de. Consideraciones preliminares sobre el reaseguro, in ÂNGULO RODRÍGUEZ, Luis de e outros. *Estudios sobre el contrato de reaseguro*. Madrid: Editorial Española de Seguros, 1997, p. 29.

[101] O exemplo didático é novamente extraído da obra de João Marcos Brito Martins e Lídia de Souza Martins. Pode-se ilustrar o resseguro por excesso de responsabilidade com a seguinte hipótese. Considerando o risco incêncio, com LMG de 1.200.000, e capacidade de retenção, por parte da seguradora, correspondente a 300.000. O valor remanescente – 900.000 – é objeto de resseguro, correspondente a 75% do LMG. Tudo que exceder o pleno de retenção ficará a cargo da resseguradora, obedecendo o percentual que lhe coube. Assim, na hipótese de um sinistro correspondente

O tratado de resseguro por excedente de responsabilidade permite que o segurador-ressegurado permaneça respondendo por uma determinada quantidade de riscos, denominada de "pleno de conservação", assim, "retendo os prêmios que forem necessários à boa gestão da empresa de seguros".[102] No entanto, a dificuldade se coloca na fixação do "pleno de conservação" pelo segurador, ação que implica a conservação de importância relativa a cada uma das categorias de risco de tal maneira a salvaguardar o equilíbrio da empresa seguradora contra os "desvios" que podem lhe comprometer.

Como desvantagens ao segurador-ressegurado, na contratação dessa modalidade de resseguro, podem ser identificadas: a) a imposição de limitação ao *pleno de subscrição* [o que é cedido] até um múltiplo de seu *pleno de conservação* [o que é retido pelo segurador], circunstância que prejudica a agilidade na aceitação, pelo segurador, de riscos importantes; e b) de outro lado, utilizada essa modalidade para propiciar a "cessão total" da carteira, também denominado "resseguro global" ou "resseguro de massa", a possibilidade de liquidação da empresa de seguros em curto espaço de tempo, uma vez que, sem a retenção de riscos, atua como mera intermediária entre segurado e ressegurador. Tanto por isso, aponta Piza, na doutrina europeia, a retenção é um dever do segurador, diferentemente da compreensão da doutrina norte-americana.

A desvantagem identificada, em relação ao ressegurador, é o fato de a participação da resseguradora não se estender a todos os negócios do segurador-ressegurado, restringindo-se ao riscos "de maior envergadura". Essa situação acabou por determinar que o resseguro por excedente de responsabilidade passasse a ser firmado mediante "subscrição em etapas, por diversos resseguradores, cada qual garantindo uma quota por excedente"[103] (daí falar-se em resseguro de segundo excedente, terceiro excedente e assim sucessivamente).

Em razão das desvantagens observadas, de parte a parte, passou-se à prática da combinação das modalidades por quota parte e por excedente de responsabilidade, surgindo o tratado [proporcional] de

---

a 320.000, a seguradora arcará com 80.000, enquanto a resseguradora com 240.000. Os prêmios total, retido e cedido serão igualmente calculados segundo a proporção de retenção e cessão, com a vantagem da possibilidade de, conforme a ampliação dos negócios pela seguradora e o desenvolvimento de sua expertise em dado ramo, haver o aumento do prêmio retido, reduzindo-se o prêmio cedido. MARTINS, João Marcos Brito; MARTINS, Lídia de Souza. *Resseguros*: fundamentos técnicos e jurídicos. Rio de Janeiro: Forense Universitária, 2008, p. 64 e ss.

[102] PIZA, Paulo Luiz de Toledo. *Contrato de Resseguro*: tipologia, formação e Direito Internacional. São Paulo: Manuais Técnicos de Seguros: IBDS, 2002, p. 110.

[103] Idem, p. 111.

resseguro de quota parte c/c resseguro por excedente de responsabilidade (*excess quota share treaty*). Caracteriza-se a soma dessas modalidades "pela previsão, ainda que limitada, de uma 'cessão de riscos' em quota-parte, de maneira que o ressegurador não fique responsável unicamente pela garantia dos riscos mais gravosos, atenuando-se assim a eventualidade de que possa sofrer perdas preocupantes".[104]

A combinação se dá tanto através da inserção de participação por quota-parte, no tratado de resseguro por excedente de responsabilidade, quanto pela previsão de excedentes diferentes, segundo cada espécie de risco. A manutenção de uma "faixa de riscos e de valores expostos a perdas" pelo segurador-ressegurado é a nota fundamental dessa combinação. Essa faixa não poderá ser objeto de resseguros ulteriores, contribuindo para a conservação da atividade do segurador-ressegurado no mercado.

Faz-se pertinente colocar que o resseguro não pode atuar de forma a diminuir drasticamente, e tanto menos eliminar, a atividade securitária a ser desempenhada pelo segurador-ressegurado, colocando-o em posição de mero intermediário. A ocorrência de tal fato compromete a higidez do próprio sistema securitário, pois as capacidades, técnico-atuarial e econômico-financeira, do segurador-ressegurado podem restar tão reduzidas a ponto de não respaldarem a garantia prestada ao segurado diretamente, podendo culminar na liquidação do segurador-ressegurado. Tal circunstância pode representar a supressão de importante instância de garantia a beneficiar o segurado, além de instabilidade junto ao mercado securitário, seja pela liquidação do segurador-ressegurado, seja pelo desvirtuamento da finalidade do ressegurador, podendo comprometer, inclusive, sua atividade no mercado, atingindo outros seguradores com o qual tenha contratado.

O problema se coloca especialmente frente à possibilidade de haver resseguro total ou global, em razão da cessão dos riscos inerentes a toda carteira da seguradora, hipótese a qual, apesar da nominação [resseguro], revela contratação distanciada da finalidade precípua do mecanismo ressecuritário. Tal como no contrato de seguro, no resseguro deve haver a comunhão de interesse de parte a parte no sentido de não ocorrência do sinistro, o que se coloca em dúvida diante do resguardo total do segurador-ressegurado, o qual, todavia, segue administrando as apólices. A redução da eficiência em seu desempenho técnico e comercial é a primeira das consequências verificadas, dela culminando a vulnerabilidade de toda uma cadeia de segurados. O resseguro total

---

[104] PIZA, Paulo Luiz de Toledo. *Contrato de Resseguro*: tipologia, formação e Direito Internacional. São Paulo: Manuais Técnicos de Seguros: IBDS, 2002, p. 111.

coloca o segurador em verdadeira posição de intermediário da circulação do risco: a) sendo o resseguro precedente ao seguro, o segurador atuaria tal como um mandatário sem poder de representação, assumindo responsabilidade em nome próprio, mas por conta do ressegurador; b) sendo o resseguro posterior ao seguro, haveria a verdadeira cessão do contrato. Em qualquer das hipóteses deturpando pontos essenciais ao mecanismo ressecuritário, ou por permitir ao ressegurador intervir na execução do contrato de seguro sem, em princípio, responder perante o segurado, ou por sobrevir de tal situação prejuízos ao ressegurador por fato imputável ao segurador-ressegurado em relação ao seguro.[105]

Situação diversa se desenha em relação ao *tratado de resseguro não proporcional* (ou *resseguro de sinistros*), no qual o ressegurador garante o segurador-ressegurado contra os resultados de um dano patrimonial, em sentido estrito. Ao invés da repartição do risco, há a repartição do dano, guiando-se o ressegurador, para determinar sua prestação, em estimativa probabilística, a qual toma em consideração os dados extraídos doa balanços do segurador-ressegurado.[106] Constitui-se o resseguro não proporcional "uma verdadeira e própria forma securitária para o segurador".[107] Essa compreensão do resseguro não proporcional – como "seguro do seguro" – contribuiu para que o resseguro como um todo passasse a ser visto como o "instrumento mais adequado para o atendimento das exigências econômicas e comerciais da indústria securitária".[108]

---

[105] Essa é síntese da pertinente crítica ao resseguro total sobre o qual se atém BUTTARO, Luca. Riassicurazione, *in Enciclopedia del Diritto*, Vol. XI Restituzione – Riunione. Varese: Giuffrè, 1989, p. 376-390, especificamente p. 377-378. Segundo esse entendimento também observa Renzo Caposti que "Con la cosidetta riassicurazione totale non si effettua una ripartizione, ma si realizza una distribuzione o un transferimento del rischio tra o ad altri soggetti, col che la causa negoziale riassicurativa può risultare sostanzialmente inattuata e il contratto, secondo quanto può ricavarsi dagli schemi sociali, che su questo punto suppliscono alla mancanza di schemi legale, non essere più riconoscibile come riassicurazione". CAPOTOSTI, Renzo A. *La riassicurazione*: Il contratto e l'impresa. Torino: Utet, 1991, p. 14.

[106] Sobre o importante aporte que o resseguro não proporcional representou no âmbito ressecuritário, sobremaneira em razão do fato de proporcionar ao ressegurador maior grau de independência em relação à política técnica adotada pelo segurador, ver CAPOTOSTI, op. cit., p. 114-115.

[107] PIZA, Paulo Luiz de Toledo. *Contrato de Resseguro*: tipologia, formação e Direito Internacional. São Paulo: Manuais Técnicos de Seguros: IBDS, 2002, p. 107.

[108] Nesse sentido, Piza, ressaltando a colocação de Capotosti. No entanto, Piza refere a ideia de que o tratado de resseguro não proporcional se constitui em "seguro direto", ao invés de "seguro de segundo grau do risco garantido securitariamente" que esta é uma abordagem simplista, e reitera que somente figuradamente é que se pode admitir que o resseguro serve à "transferência" dos riscos do segurador para a resseguradora. A propósito, sua colocação: "Tanto os contratos de resseguro proporcional, como os contratos de resseguro não proporcional, nas diversas modalidades técnicas que podem assumir, não retêm senão mero caráter instrumental, ou seja, são formas diversas pelas quais se manifesta a garantia ressecuritária". Idem, p. 107-112.

Dentre as subespécies de tratado de resseguro não proporcional, o *resseguro por excesso de dano* (ou *excess of loss reinsurance*), é a modalidade capaz de abranger desde contratos individuais de seguro até grupos de contratos, segundo agrupamento por ramo, área geográfica ou outro critério. Destina-se a garantir o segurador contra perdas que excederem determinada importância até limite máximo convencionado, e, tem, pois, por função "limitar a perda súbita do segurador, ocasionada pelo adimplemento de suas obrigações frente a seus segurados".[109] Foi inicialmente idealizado para abarcar riscos catastróficos, mas têm larga utilização nos dias atuais, abrangendo também os chamados excessos de dano *por riscos*, ou *por acontecimento*, ou, ainda, *por catástrofe*.[110] Segundo Piza, essa modalidade de resseguro tende a evitar os desvios relativos aos sinistros, remanescendo ao segurador-ressegurado as consequências suportáveis.

Costuma-se dizer que, diferentemente em relação aos resseguros proporcionais, nesta modalidade, o ressegurador não participa do risco do segurador-ressegurado, pois não há "cessão do risco", já que "a prestação do segurador é determinada estatisticamente, de maneira global, calculada em geral com base nos seus últimos cinco exercícios".[111] Excetua-se, no entanto, o cálculo estatístico, nos moldes antes apontados, quando se trata de resseguro por excesso de dano por catástrofe, ressalvada a possibilidade de inserção, em certos casos, da cobertura *working cover*.[112]

Na prática securitária é usual que esta modalidade de resseguro não proporcional se dê em conjunto com tratados proporcionais, em

---

[109] PIZA, Paulo Luiz de Toledo. *Contrato de Resseguro*: tipologia, formação e Direito Internacional. São Paulo: Manuais Técnicos de Seguros: IBDS, 2002, p. 113.

[110] Para o resseguro não proporcional por excesso de dano *por acontecimento* "[...] requer-se, de um modo geral, a verificação de dois ou mais riscos físicos isolados, a fim de que possa funcionar a proteção, já que, em princípio, é estabelecida uma prioridade tal que, geralmente, devem ser afetadas, simultaneamente várias 'apólices de valor médio' para que se configure a responsabilidade do ressegurador.". De outro lado, com relação ao resseguro não proporcional por excesso de dano *por catástrofe* "[...]o requisito de acumulação tem caráter contratual expresso, e, além disso, a prioridade é estabelecida em valor tal que, necessariamente, muitos riscos individuais deverão ter-se verificado em decorrência de um mesmo fato, para que funcione a cobertura". Idem, p. 95.

[111] Idem, p. 113. Ressalva-se que, todavia, não significa o afastamento da partilha da álea.

[112] Segundo Piza, o resseguro não proporcional por excesso de dano *por risco* também é denominado "cobertura de trabalho" (*working excess of loss* ou *working cover*), e é entendido por alguns autores como "forma acobertada" de resseguro de excedentes, uma vez que "garante os sinistros pagos à medida que superem determinada importância denominada *prioridade*. De fato, quando a prioridade corresponde a uma importância inferior à média das importâncias seguradas na carteira correspondente a determinado ramo, a cobertura em questão passa a funcionar em quase todos os sinistros mais ou menos importantes, assim, assemelhando-se a uma cobertura de excedentes com um pleno médio, contratada sem que se exija uma perda elevada ou uma' acumulação de apólices' que se vejam simultaneamente afetadas por um mesmo fato". Iderm, p. 95.

especial os tratados de resseguro por excedente de responsabilidade, quanto "à parte que, do ponto de vista econômico, remanesceu a 'cargo' do segurador".[113] O objetivo é evitar as consequências negativas decorrentes da acumulação de eventos os quais demandem várias coberturas securitárias, circunstância exemplificada por Piza com a hipótese de acidente de avião, dele decorrendo desde a perda da aeronave, bem assim das mercadorias transportadas até os danos pessoais.

No entanto, a garantia ressecuritária se dá a partir de importância superior a limite preestabelecido, usualmente denominado *prioridade*, restringindo-se a outro limite máximo, denominado *capacidade*, a partir do qual se calcula o prêmio do resseguro. O excesso fica a cargo do segurador, o qual poderá estabelecer outros resseguros por excesso de danos. Em razão da intervenção do ressegurador ser limitada a determinada importância, se dá a vulnerabilidade do tratado de resseguro por excesso de danos às flutuações da moeda. Neste caso, impõe-se a inclusão de "cláusulas particulares de 'estabilização' da prioridade", destinadas a "permitir o recálculo do prêmio, a evitar as repercussões negativas de tais flutuações".[114]

O *resseguro não proporcional por excesso de sinistro* (*stop loss treaty*) significa a possibilidade de garantia global em relação aos resultados do segurador-ressegurado, em razão de determinado ramo ou mesmo frente a totalidade de ramos nos quais opera.[115] A cobertura ressecuritária passa a se justificar sempre que há a superação de determinado valor estabelecido (denominado *prioridade*) a partir da equação entre indenizações pagas pelo segurador-ressegurado e os prêmios brutos arrecadados. Pretende-se com isso, claramente, limitar os resultados negativos de uma alta taxa de sinistralidade. Não se restringe a cobertura aos grandes sinistros, comportando sinistros médios ou pequenos

---

[113] PIZA, Paulo Luiz de Toledo. *Contrato de Resseguro*: tipologia, formação e Direito Internacional. São Paulo: Manuais Técnicos de Seguros: IBDS, 2002, p. 113.

[114] Idem, p. 114.

[115] De antemão, reporta-se ao posicionamento de Piza, na linha de Capotosti, segundo o qual o *stop loss treaty* se configura verdadeiro tipo ressecuritário. A consideração de que assim não seria se deve ao fato de que, diferentemente das demais modalidades verificadas, nesta modalidade o ressegurador pode estimar ou mesmo investigar o quanto de indenizações foram pagas pelo segurador, o que significaria intervenção na gestão da empresa de seguros, e consequente "descaracterização" como tipo ressecuritário Segundo Piza, as colocações pelas quais se passou a questionar o *stop loss* como sendo, ou não, tipo ressecuritário não procedem, porquanto o exame dessa modalidade técnica, à luz da função econômico-social do resseguro, em qualquer das formas e modalidades abordadas, revela que, tal como as demais modalidades, o *stop loss* "caracteriza-se, de modo geral, pela 'transferência' ou 'repartição' dos riscos segurados pelo segurador-ressegurado". Idem, p. 117-118.

os quais, em virtude dos desvios, podem se acumular e comprometer a atividade do segurador, que deve operar nos "limites razoáveis".[116]

Tal modalidade não representa benefício técnico ao segurador-ressegurado, pois o percentual de participação do ressegurador é fixado de forma que o segurador-ressegurado suporte parte da sinistralidade, sendo estimulado ao desempenho de uma "boa produção e gestão".[117] A desvantagem do *resseguro de limitação de sinistralidade* se dá frente ao ressegurador, pois, tal qual o resseguro por excesso de dano, é suscetível às variações monetárias. Justifica-se com isso a inclusão da cláusula de estabilização, com a finalidade de preservação do valor do prêmio. Coloca-se, ademais, como aponta Piza, o problema da determinação da prioridade, cuja diminuição repercute negativamente sobre os resultados do segurador.[118]

O exame das formas operacionais e as modalidades técnicas de resseguro bem demonstram que há estreita ligação, mas autonomia entre o contrato de seguro e o contrato de resseguro. Assim, se coloca a necessidade de investigar a natureza desse vínculo entre um contrato e outro, e como ele se explica.

1.1.3. Autonomia do contrato de resseguro frente ao contrato de seguro a partir dos elementos essenciais do negócio securitário

A investigação da relação existente entre contrato de seguro e contrato de resseguro, no sentido de apurar dependência ou autonomia deste último em relação ao primeiro, em qual grau, e sob que explicação, pode-se dar a partir de mais de uma perspectiva. Parece, contudo, conveniente a abordagem a partir dos elementos essenciais (interesse, risco, prêmio e garantia) do seguro e do resseguro, enquanto negócios securitários em que se constituem. Com isso se pretende (i) dar continuidade ao empreendimento do exame da estrutura do contrato de resseguro e (ii) verificar se tais elementos concretamente considerados no contrato de seguro ocorrem igualmente no contrato de resseguro.

---

[116] Segundo Piza, o determinante é "unicamente, que se exceda a prioridade, ou seja, a quota que resta a cargo do segurador – quase sempre determinada, aliás, com referência à relação entre prêmio recebido e indenização paga". PIZA, Paulo Luiz de Toledo. *Contrato de Resseguro*: tipologia, formação e Direito Internacional. São Paulo: Manuais Técnicos de Seguros: IBDS, 2002, p. 116.

[117] Como esclarece Piza, "diferentemente do que ocorre nos tratados *excess of loss*, o descoberto é em geral obrigatório e que, além disso, em princípio, não pode ser ressegurado, devendo por ele sempre responder o segurador – o que é visto como um estímulo à correta e adequada gestão da carteira empresarial". Idem, p. 115.

[118] Idem, p. 116-117.

1.1.3.1. Risco e interesse (objeto do negócio securitário)

Como se depreende do exame de qualquer das formas operacionais e modalidades técnicas, *não* há entre tais figuras contratuais (seguro e resseguro) identidade de *objeto*, especificamente considerado, porquanto tanto o interesse, quanto o risco, em um e no outro contrato, não se comunicam. Dito de outra forma, o contrato de seguro não garante o *mesmo* interesse considerado frente ao *mesmo* risco, de outro lado, garantido pelo contrato de resseguro. Contudo, ambos os contratos representam típico negócio securitário, comportando o mesmo objeto, enquanto operação jurídico-econômica,[119] pois ambos garantem dado *interesse* sobre determinado bem frente a *riscos* predeterminados.

O objeto do negócio securitário, a partir da lição de Fabio Konder Comparato, comporta o interesse segurável, designativo da relação estabelecida entre o segurado frente à coisa ou pessoa as quais se pretende resguardar, contra determinados riscos. Constitui-se, assim, o *interesse segurável* em seu objeto material, e o *risco segurável* em seu objeto formal.[120] Nesse sentido, o risco "*cifra* o interesse, enquanto objeto segurável", moldando-o como "legítimo interesse jurídico-econômico" a justificar a cobertura securitária ou ressecuritária, constituindo ambos (interesse e risco) o "núcleo duro do negócio securitário".[121]

A relação formada no seguro, envolvendo segurado e segurador, diz respeito a dado interesse do segurado frente a predeterminados

---

[119] PIZA, Paulo Luiz de Toledo. *Contrato de Resseguro*: tipologia, formação e Direito Internacional. São Paulo: Manuais Técnicos de Seguros: IBDS, 2002, p. 174-175.

[120] Nesse sentido, as colocações de Comparato: "o interesse segurável, como objeto material do contrato de seguro, não é, pois, uma coisa, mas uma relação, como indica a própria etimologia (*inter esse*); mais precisamente, é a relação existente entre o segurado entre a coisa ou pessoa sujeita ao risco", estando sempre o interesse submetido a um risco, de maneira que se constitui "[...] o interesse segurável (objeto material do negócio) e o risco segurável (objeto formal, ou modo de ser do interesse)". COMPARATO, Fabio Konder. *Seguro de Crédito*. São Paulo: Revista dos Tribunais, 1968, p. 23-24. Esta é também a compreensão subjacente à redação do *caput* do art. 757, do Código Civil: "Pelo contrato de seguro, o segurador se obriga, mediante o pagamento do prêmio, a garantir interesse legítimo do segurado, relativo a pessoa ou a coisa, contra riscos predeterminados." Lei 10.406/2002. Pontes de Miranda igualmente ressalvava, ao examinar o conceito de seguro: "O que se segura não é prôpriamente o bem, razão por que, nas expressões 'seguro de bens' ou 'seguro de coisas' e 'seguro de responsabilidade', há elipse. O que se segura é o *status quo* patrimonial ou do ser humano (acidentes, vida). Segura-se o interesse positivo como se segura o interesse negativo". PONTES DE MIRANDA, Francisco C. *Tratado de Direito Privado*, Tomo XLV, Rio de Janeiro: Borsoi, 1964, § 4.911, entendimento que é reiterado no § 4.921, no qual o autor aborda o tema interesse e ressarcibilidade do dano no seguro.

[121] Também esta é a compreensão de Paulo Piza ao tomar, como índice tipológico, o objeto do contrato de resseguro, contudo, ressaltando que o risco, para além de elemento que cifra o interesse e integra o objeto do contrato, atua como fator determinante ao estabelecimento da causa subjetiva e objetiva do seguro e do contrato de resseguro, sendo, assim, pressuposto das causas. PIZA, Paulo Luiz de Toledo. *Contrato de Resseguro*: tipologia, formação e Direito Internacional. São Paulo: Manuais Técnicos de Seguros: IBDS, 2002, p. 176-179.

riscos, interesse o qual o segurador se obriga a garantir mediante o pagamento do prêmio. Esse interesse pode ser relativo ao patrimônio do segurado, ou, ainda, a determinado bem da vida,[122] e concretizando-se o risco que o molda, justificará o pagamento da indenização decorrente da garantia prestada pelo segurador.

As partes no contrato de seguro são outras (segurado e segurador, comportando a contratação em benefício de terceiro, o beneficiário). O interesse do segurado varia conforme o bem a ser garantido em vista do risco previamente considerado e do prêmio calculado atuarialmente, e, ainda, segundo o gênero de seguro considerado (admitindo, cada gênero, espécies variadas). A ocorrência do sinistro gera ao segurado o direito à indenização, ao passo que gera ao segurador o dever de indenizar (decorrente da sua prestação de garantia). Qualquer que seja o interesse segurado frente a predeterminados riscos, garantido pela seguradora, o resseguro não tomará para si os *mesmos riscos* da operação subjacente, em consideração do *mesmo interesse*.

A tão só formação da relação *segurado* e *segurador* inaugura um risco na esfera patrimonial do segurador, contra o que ele vem a se garantir por meio do resseguro, podendo eleger a forma operacional e a modalidade técnica conforme a representação do comprometimento patrimonial implicado pelo desempenho de sua atividade securitária. Inaugura-se o risco em concomitância ao interesse do segurador de, desde sempre, ressalvar seu patrimônio, mantendo sua higidez e solvabilidade. Assim, por exemplo, se o seguro subjacente ao resseguro disser respeito a seguro de dano direto, de interesse sobre determinado bem frente ao risco de incêndio, o resseguro dirá respeito a outro interesse, do segurador, em relação ao seu patrimônio, contra riscos relacionados a este em razão da atividade securitária, com especial relevo

---

[122] O interesse inerente ao patrimônio está relacionado ao gênero de *seguro de dano*, comportando as espécies de seguro de interesse em relação a determinada coisa (espécie comumente denominada de seguro de dano direto, ou seguro de dano em sentido estrito) ou em relação ao próprio patrimônio do segurado contra riscos relacionados à responsabilidade civil (espécie comumente denominada de seguro de dano indireto ou seguro de responsabilidade civil). Já o interesse relacionado a determinado bem da vida (como a vida, a saúde e a integridade física), do segurado ou de outrem, está relacionado ao gênero de *seguro de pessoa*, comportando seguro de interesse em relação à vida (espécie denominada de seguro de pessoa em sentido estrito) ou em relação à saúde e integridade física (espécie denominada de seguro de pessoa em sentido amplo). A classificação dos seguros em seguro de dano e seguro de pessoa deve-se a Bruck, a partir da perspectiva da *necessidade* que o segurado pretende satisfazer através da contratação do seguro. Se *necessidades concretas*, ligadas à ocorrência de um dano a ser exatamente quantificado ou quantificável, vinculando a indenização conforme a apuração em termos patrimoniais; ou se *necessidades abstratas*, as quais não se ligam, necessariamente, a perdas patrimoniais, abrangendo interesses que se ligam à vida, à saúde e à integridade física. PASQUALOTTO, Adalberto. *Contratos nominados III*: seguro, constituição de renda, jogo e aposta, fiança, transação e compromisso. São Paulo: Revista dos Tribunais, 2008, p. 27.

à assunção dos riscos frente ao segurado.[123] Evidencia-se, com isso, a compreensão do resseguro como espécie de seguro de dano, especificamente seguro de dano direto,[124] destinado a garantir o interesse do segurador-ressegurado sobre seu patrimônio por uma dívida que pode sobrevir pelo desempenho da atividade securitária.

Conquanto ambos, seguro e resseguro, se tratem de *negócio securitário*, cujo objeto contempla o interesse frente a dado risco, no plano concreto, não é o objeto do contrato de seguro, subjacente ao contrato de resseguro, capaz de estabelecer vínculo de dependência ou explicar, isoladamente, a relação entre ambas as figuras contratuais ora consideradas. Daí por que é impróprio referir, embora de modo geral e para fins explicativos, que seguro e resseguro estão sujeitos à verificação do mesmo evento resguardado pelo seguro, isto é, o risco segurado, uma vez concretizado, determina a cobertura securitária e, por consequência, a cobertura ressecuritária.

Tal compreensão equivocada, denominada por Piza de *teoria da identidade do risco*, repercute em detrimento da compreensão correta do contrato de resseguro. Conceber a identidade de risco significa afastar a apreensão do resseguro não proporcional, ligado ao sinistro em vez do risco,

---

[123] No mesmo sentido, o autor argentino Rúben Stiglitz: "El riesgo en el seguro directo es el que se halla constituído por la probabilidad de realización de un evento dañoso (siniestro) previsto en el contrato de seguro (a título de ejemplo: responsabilidad civil, incendio, robo, etc.), y del que se predica el nacimiento de un débito, como se advierte, derivado de distintas fuentes riesgosas. A su turno, el riesgo reasegurado se halla constituído solo por la eventualidad del nacimiento de un débito en el patrimonio del asegurador como consecuencia de la obligación asumida en dicha condición y cualquiera sea el riesgo objeto del contrato de seguro". STIGLITZ, Rúben S. *Derecho de Seguros*, T. III, 4ª ed. actualizada y ampliada. Buenos Aires: La Ley, 2004, p. 301.

[124] É advogada por muitos autores o enquadramento do resseguro como espécie de seguro de dano indireto, ou de responsabilidade civil, especialmente entre norte-americanos e ingleses, como informa PIZA, Paulo Luiz de Toledo. *Contrato de Resseguro*: tipologia, formação e Direito Internacional. São Paulo: Manuais Técnicos de Seguros: IBDS, 2002, p. 255. Contra tal enquadramento se podem lançar diversos argumentos. Nancy Anamaria Villa, por exemplo, discorda de tal classificação argumentando que a responsabilidade civil comporta um dever gerado a partir do dano causado a outrem, o que não ocorre no resseguro. Para a autora argentina, o risco coberto pelo ressegurador diz respeito a uma dívida, gerada a partir do cumprimento contratual por parte do segurador frente ao segurado, mas uma vez cumprido, adimplido o contrato de seguro, não há que se falar em responsabilidade civil: "Cuando el reasegurador paga al segurador su participación en la indemnización a un asegurado, no está cubriendo una suma adeudada por éste a título de su responsabilidad por incumplimiento de una obligación (responsabilidad civil), sino que es legítimo pago de una prestación contractualmente convenida". Segundo Villa, há a utilização equivocada do termo "responsabilidade", para designar que o que o ressegurador cobre "es el cumplimiento de las obligaciones de los aseguradores" ressaltando a autora que "No se debe confundir el término 'responsabilidad' como sinónimo de 'obligación' – así es usado en todos los textos – com 'responsabilidad' como [sinónimo] de 'responsabilidad civil derivada de um incumplimiento". VILÁ, Nancy Anamaria. Naturaleza del reaseguro, *in* BARBATO, Nicolás (coord). *Derecho de seguros*: homenaje de AIDA al profesor doctor Juan Carlos Felix Morandi. Buenos Aires: Depalma Hammurabi, 2001, p. 439-450, especificamente p. 443 e 444. No mesmo sentido são as colocações da autora espanhola Maria Concepción Hill Prados, *in El reaseguro*. Barcelona: Bosh, 1995, p. 97 e ss.

e exerce, contudo, a mesma função do resseguro proporcional. Além disso, não explica adequadamente a relação existente entre o contrato de seguro e o de resseguro, conduzindo à compreensão igualmente equivocada no sentido de: o segundo ser acessório em relação ao primeiro (e nesse caso, se constitui em garantia para o segurado); ou ambas as figuras se constituírem em contratos coligados; ou estabelecerem relação de subordinação; ou, ainda, o seguro ser o pressuposto causal do resseguro.[125]

O risco assumido pelo segurador *justifica* sua busca por mecanismos que lhe proporcionem respaldo, garantia ao desempenho de sua atividade, busca à qual o contrato de resseguro oferece resposta. Sob tal compreensão, há quem defenda, para explicar a partilha da álea a ocorrência de "indissolúvel amálgama funcional entre o risco segurado e o risco ressegurado", ou de um "esquema causal" do risco assumido pelo segurador em relação ao risco posto sob garantia do ressegurador.[126] Como será oportunamente desenvolvido neste trabalho, a partilha da álea não se explica pelo risco, porquanto este não compõe a função do contrato de resseguro, do que o mencionado preceito é corolário.[127]

Compartilha-se do entendimento que o risco, do contrato de seguro, "concorre, de um modo geral", à justificação da cobertura ressecuritária, mas "o fato *potencialmente* danoso abrangido pelo contrato de seguro, em sua materialidade, não tem o condão de determinar, *ipso facto*, qualquer vínculo entre o contrato de seguro e o de resseguro, já que estes pressupõem dois acontecimentos distintos".[128]

1.1.3.2. Prêmio (prestação)

Se for diferente o objeto, concretamente considerado, evidentemente serão diferentes a prestação (prêmio) e a contraprestação (garan-

---

[125] A ideia de "pressuposto causal" foi defendida por Antigono Donati, como destaca PIZA, Paulo Luiz de Toledo. *Contrato de Resseguro*: tipologia, formação e Direito Internacional. São Paulo: Manuais Técnicos de Seguros: IBDS, 2002, p. 182 e ss.

[126] Os autores filiados a tal compreensão são Broseta Pont, espanhol, Jaramillo, colombiano, Marco Prosperetti e Enio Apicella, italianos. Por todos, ressaltando que a expressão entre aspas é de JARAMILLO, Carlos Ignacio. Configuración y alcances de La 'comunidad de suerte' en el contrato de reaseguro, *in Revista Ibero-LatinoAmericana de Seguros*, n. 10, Julio 1997, p. 91-134, esp. p. 111-112.

[127] Nesse sentido, MARTINS-COSTA, Judith. O Contrato de Resseguro e o Princípio da Partilha da Álea, *in Revista Brasileira do Seguro e da Responsabilidade Civil*, v. 1, 2009, p. 157-179.

[128] Para Piza, "O que parece importante ressaltar, em outros termos, é que a relação ressecuritária encontra-se num plano diverso da relação securitária. Para usar de uma linguagem na moda, talvez se possa encarar o contrato de resseguro como um hiperlink para o segurador, por ele apenas acessível, e nas condições dispostas no contrato de resseguro e decorrentes unicamente da relação ressecuritária, para o que simplesmente *concorre*, de um modo geral, a verificação de sinistros no universo dos riscos assegurados pelo segurador-ressegurado, e à medida que possam afetar a correta preservação e o bom desempenho da atividade da empresa de seguros". PIZA, op. cit., p. 187.

tia) em um e no outro contrato. No contrato de seguro, independente do gênero ou da espécie, o prêmio, prestação a cargo do segurado, é estabelecido, como se teve a oportunidade de examinar, segundo cálculo atuarial regido pelo princípio da mutualidade ou princípio mutualístico. Precisamente em razão desse preceito [princípio mutualístico], a amparar técnica e economicamente o seguro, sobremaneira por ocasião do cálculo do prêmio, a prestação do segurado não pode ser visualizada de forma atomizada. Isto é, a prestação do segurado não está dissociada da massa de segurados, sem a qual o seguro restaria inviabilizado. E é por isso que não se admite desproporção entre o prêmio e a garantia, esta prestação a cargo segurador cujos limites são definidos pelo prêmio, sob pena de gerar desequilíbrio contratual ou até a insolvabilidade do negócio securitário.[129]

Como já discorrido, o complexo cálculo que respalda o seguro consiste na *técnica do risco* regida pelo *princípio mutualístico*. A partir de riscos objetivamente considerados, os quais passam a informar a operação de associação da estatística ao cálculo de probabilidades, o segurador, seleciona e forma a população na qual dispersará os riscos, segundo o interesse a ser resguardado, considerando, outrossim, a repercussão patrimonial da concretização do risco na massa de segurados. Estabelece-se, assim, a contribuição individual de cada segurado, o prêmio, especialmente destinado à formação do fundo comum,[130] fundo este que lastreará a garantia devida pelo segurador frente a todos os segurados.

No contrato de resseguro, como o exame das modalidades técnicas prenunciou, ao cálculo do prêmio, prestação devida pelo segurador--ressegurado, não influi diretamente o *princípio mutualístico*. Arrisca-se dizer que o cálculo se aproxima mais daquele raciocínio subjacente à precificação comum em qualquer atividade empresarial pela prestação

---

[129] TZIRULNIK, Ernesto; CAVALCANTI, Flávio de Queiroz B.; PIMENTEL, Ayrton. *O Contrato de Seguro de acordo com o Novo Código Civil Brasileiro*. 2ª ed. São Paulo: RT, 2003, p. 38.

[130] Em realidade, o prêmio pago pelo segurado é o chamado *prêmio bruto*, e comporta as parcelas atinentes: a) ao *prêmio líquido* ou *prêmio puro*, formador do fundo comum; b) à remuneração do segurador (denominado também *carregamento*); c) às despesas operacionais (comerciais, administrativas etc.), – estas três (*a, b* e *c*) formando o chamado *prêmio comercial* –; d) adicionais de fracionamento, caso o prêmio venha a ser parcelado; e) custo da apólice (despesas com a emissão); e, finalmente, f) tributos incidentes (atualmente, IOF, Imposto sobre Operações Financeiras). TZIRULNIK, Ernesto; CAVALCANTI, Flávio de Queiroz B.; PIMENTEL, Ayrton. *O Contrato de Seguro de acordo com o Novo Código Civil Brasileiro*. 2ª ed. São Paulo: RT, 2003, p. 38. Oportuno destacar o *princípio da indivisibilidade do prêmio*, segundo o qual o prêmio é sempre devido como um todo, apesar de admitir sua divisão em parcelas ou fracionamento. A esse propósito, PONTES DE MIRANDA, Francisco C. *Tratado de Direito Privado*, Tomo XLV, Rio de Janeiro: Borsoi, 1964, § 4.919.

de determinado serviço.[131] Embora o ressegurador queira, ou deva querer, ampliar sua gama de ressegurados, como "boa regra técnica e econômica", não há a assunção de riscos, a serem reunidos, para posterior dispersão numa população formada pelo ressegurador.

Como regra geral, o ressegurador lida com referências preestabelecidas a partir das quais assumirá a responsabilidade pecuniária sobre o que, em consideração a tais referências, afetar patrimonialmente o segurador-ressegurado. Para prestar a garantia, o ressegurador cobra o prêmio correspondente, precificado segundo a probabilidade de o risco assumido vir a ocorrer, contudo, não imerso numa mutualidade.

Em síntese: no *resseguro proporcional de quota-parte* a referência tomada em consideração é um percentual de riscos, conforme tabela de limites; no *resseguro proporcional por excedente de responsabilidade* a referência se dá a partir de riscos quantificados em valores absolutos, que compõem o chamado *pleno de subscrição*, a partir do qual o prêmio será calculado; já no *resseguro não proporcional*, a referência se estabelece a partir da apuração estatística dos resultados patrimoniais dos últimos 5 (cinco) exercícios do segurador, por sua vez, conformando a chamada *prioridade* (equação entre as indenizações pagas frente aos prêmios brutos arrecadados) a *capacidade*, limite máximo a partir do qual se apura o prêmio.[132] Em qualquer das modalidades consideradas a referência do contrato de resseguro não é o prêmio calculado no contrato de seguro, este obedecendo a cálculo diverso como já visto, restando inequívoco o fato do prêmio do resseguro não se apurar a partir do prêmio do seguro.[133]

---

[131] Interessante, a propósito, referir a análise que procede Giorgio Angeli a respeito da rentabilidade da empresa de resseguro, nos ramos de dano e pessoa, tematizando o prêmio e demais proventos que compõe a receita (o autor divide em *premi*, *riserve d'entrata*, *ricuperi* e *interessi tecnici*) do ressegurador no quadrante do desempenho comercial, confrontados com as despesas (estas compreendendo *danni*, *provvigioni* e *participazioni utili*, *tasse* e *riserve d'uscita*). ANGELI, Giorgio. *La riassicurazione*: teoria, pratica e tematiche varie, 2ª ed. aggiornata integrate. Milano: Giuffrè, 1981, p. 107-117.

[132] Essa *referência* tomada em consideração em cada modalidade de resseguro mencionada pode ser compreendida de um modo geral através do *pleno de conservação* ou *retenção*, que diz respeito aos riscos que o segurador poderá arcar sem prejuízo do fundo comum e de sua saúde técnica e financeira, e o *pleno de subscrição*, que supera o pleno de conservação e é "cedido" ao ressegurador. A apuração da quantia correspondente para a formulação do prêmio devido em razão do pleno de subscrição pode variar, como visto, conforme a modalidade em questão. Essa abordagem geral é realizada por STIGLITZ, Ruben S. *Derecho de Seguros*, T. III, 4ª ed. actualizada y ampliada. Buenos Aires: La Ley, 2004 p. 299-302.

[133] Ressalta-se, no entanto, que os autores argentinos López Saavedra e Perucchi sustentam que, no caso dos resseguros proporcionais "el reasegurador sigue la suerte de la prima original Del contrato de seguro, pues la suscripción, respecto a este punto de alguna manera, lo compromete", salientando os autores, em nota de rodapé, que "Es decir, no existe una prima independiente o diferente para el reaseguro". Essa compreensão é absolutamente inapropriada, além de contradi-

O que se toma em consideração para a formulação do prêmio no contrato de resseguro, de modo geral, e é o cerne das referências mencionadas em cada modalidade, é o risco patrimonial ao qual está exposto o segurador *cifrando* seu interesse de preservação patrimonial. *Grosso modo*, é como se estivesse diante de um elementar contrato de seguro, no qual o risco que *cifra* o interesse, aliado a outros critérios, referencia a definição do prêmio.[134]

Assim, em que pese seguro e resseguro se tratem de negócio securitário, e por isso tenham o prêmio como um de seus elementos essenciais, prestação devida pelo segurado frente ao segurador no seguro, e pelo segurador-ressegurado ao ressegurador no resseguro, o prêmio de um não conforma o prêmio a ser determinado no outro. Tal conclusão está, outrossim, conforme a verificação empreendida, a qual conclui pela não identidade dos riscos de um e outro contrato, e pela demonstrada *independência qualitativa e quantitativa*[135] do cálculo do prêmio do seguro em relação ao cálculo do prêmio do resseguro. Essa independência se estende inclusive quanto ao preceito a ser examinado neste livro, a partilha da álea, de maneira que, como regra, o prêmio estabelecido no contrato de seguro, devido pelo segurado ao segurador, uma vez inadimplido, não pode justificar o inadimplemento do prêmio devido pelo segurador-ressegurado ao ressegurador.[136]

Para além da violação que representaria à autonomia de ambos os contratos, ao fim deste item demonstrada, está mais uma vez subjacente a função do resseguro. O resseguro não está destinado a cumprir

---

tória ao posicionamento que os próprios autores adotam em relação à autonomia do resseguro, ocasião em que ressaltam a não identidade de risco entre os contratos de seguro e de resseguro o que significa que não é frente ao mesmo risco que se calcula o prêmio de um e de outro contrato, e, evidentemente, não podem ser o mesmo; e em relação ao preceito da partilha da álea, ou *follow the fortunes*, como preferem denominar os autores, ocasião na qual refutam a possibilidade de que o ressegurador acompanhe a sorte comercial do segurador. LÓPEZ SAAVEDRA, Domingo M.; PERUCCHI, Héctor A. *El contrato de reaseguro y temas de responsabilidad civil*. Buenos Aires: La Ley, 1999, trechos citados p. 70.

[134] O exame detido do que compõe e como é apurado tecnicamente o prêmio bruto do contrato de resseguro, proporcional e não proporcional, é realizado por SÁNCHEZ VILLABELLA, Jorge. *El contrato de reaseguro*: manual técnico-jurídico. Madrid: Editorial Española de Seguros, 2002, p. 253-306. Também realiza esse exame, de forma ainda mais aprofundada e extensa, GERATHEWOHL, Klaus. *Reinsurance*: principles and practice, Vol I. Karlsruhe: Verlag, 1982, p. 227-339 (Chapter 5 – Price of reinsurance).

[135] A expressão é de JARAMILLO, Carlos Ignacio. Configuración y alcances de La 'comunidad de suerte' en el contrato de reaseguro, *in Revista Ibero-LatinoAmericana de Seguros*, n. 10, Julio 1997, p. 91-134, esp. p. 101.

[136] Nesse sentido são as colocações de Jaramillo, respaldado por autores como Donati, Gerathewohl, Broseta Pont, Víctor Ehrenberg, entre outros. JARAMILLO, op. cit., p. 91-134, esp. p. 102-110.

a missão de garantir a sorte comercial do segurador,[137] neste caso em jogo diante do inadimplemento do segurado. O resseguro está destinado a respaldar o segurador em razão de sua atividade securitária no plano técnico, relativa aos desvios influentes na asserção de sua técnica atuarial na formação do fundo comum securitário, os quais venham a comprometer sua higidez e solvabilidade patrimonial.

1.1.3.3. Garantia (contraprestação)

A garantia, outro elemento essencial do negócio securitário, constitui-se na contraprestação devida pelo segurador frente ao segurado no seguro, e pelo ressegurador frente ao segurador-ressegurado no resseguro, e é diversa em um e no outro contrato, pelas razões esposadas a respeito do risco e do interesse, bem assim, acerca do prêmio.

A contraprestação *garantia* se estabelece frente ao prêmio, comportando, assim, a bilateralidade ou sinalagma do contrato, e é revelada pela permanente prontidão do segurador ou do ressegurador, conforme se trate do contrato de seguro ou de resseguro, em garantir o segurado ou ressegurado frente aos riscos que ameaçam o interesse a ser protegido ou preservado. E a garantia é devida, na esteira da *teoria da assunção do risco*, desde a conclusão do contrato e durante toda sua vigência.[138] Essa perspectiva de correspondência entre prêmio e garantia, aliada às contribuições procedentes da *teoria da empresa* e da *teoria da desintegração econômico-jurídica do risco*, significa a superação da correspondência entre prêmio e indenização, esta sempre incerta, a justificar a compreensão do contrato de seguro como aleatório, ideia especialmente cara à *teoria indenitária*.[139]

---

[137] Como se verá oportunamente, é possível a partilha das ações, preceito que se liga à sorte técnico-comercial do segurador-ressegurado, o qual, todavia, não serve à contemplação da hipótese ora mencionada.

[138] Com mais acento à expressão segurança (sicurezza) ao invés de garantia (garanzia), BUTTARO, Lucca, Assicurazione (contratto di), *in Enciclopedia Del Diritto*, Vol. III Ari – Atti. Varese: Giuffrè, 1958, p. 455-492, esp. p. 463-465, 467-468 e 480-481. No mesmo sentido, tanto em relação ao seguro, como em relação ao resseguro, PIZA, Paulo Luiz de Toledo. *Contrato de Resseguro*: tipologia, formação e Direito Internacional. São Paulo: Manuais Técnicos de Seguros: IBDS, 2002, p. 144 e ss.

[139] A respeito das mencionadas teorias, ver síntese contida na introdução, com as indicações bibliográficas pertinentes. Quanto à teoria indenitária, a qual se filiam autores como Donati e Ascarelli, está centrada no dano, ainda que este possa ser compreendido tão amplamente a ponto de abranger "proveito (ou benefício) esperado como interesse indenizável" e na ideia de indenidade, isto é, tornar indene o interesse segurado, daí resultando a indenização como a contraprestação do segurador. As principais críticas que se colocaram em relação a tal teoria é de que nem sempre o seguro diz respeito a um dano (e esse foi o motivo pelo qual se ampliou a compreensão de dano reformulando-se tal teoria), e o fato de que muitas vezes o adimplemento contratual do segurador não se traduz em uma obrigação de dar, mas de fazer. Ver PASQUALOTTO, Adalberto. *Contra-*

Uma vez identificada como contraprestação, sustenta-se que não poderia a garantia também ser a [causa] função do contrato de seguro, para fins de afastar, sob tal argumento, a comutatividade estabelecida no contrato de seguro,[140] comutatividade também presente no contrato de resseguro.[141] Parece, todavia, que a confusão na qual se insere a *garantia* provém do fato de tal expressão ser equívoca, comportando conteúdo significante diverso o qual, a despeito de não poder ser exaurido neste trabalho, requer breve exame.[142]

---

tos nominados III: seguro, constituição de renda, jogo e aposta, fiança, transação e compromisso. (Biblioteca de direito civil. Estudos em homenagem ao Professor Miguel Reale; v. 9. Coordenação Miguel Reale e Judith Martins-Costa) São Paulo: Revista dos Tribunais, 2008, p. 35 e ss. Também PONTES DE MIRANDA, Francisco C. *Tratado de Direito Privado*. Tomo XLV. Rio de Janeiro: Borsoi, 1964, § 4.911, item 2.

[140] Nesse sentido são os argumentos de PASQUALOTTO, Adalberto. *Contratos nominados III*: seguro, constituição de renda, jogo e aposta, fiança, transação e compromisso. São Paulo: Revista dos Tribunais, 2008. (Biblioteca de direito civil. Estudos em homenagem ao Professor Miguel Reale; v. 9. Coordenação Miguel Reale e Judith Martins-Costa), p. 58-64 e 66-77.

[141] PIZA, Paulo Luiz de Toledo. *Contrato de Resseguro*: tipologia, formação e Direito Internacional. São Paulo: Manuais Técnicos de Seguros: IBDS, 2002, p. 154 e ss.

[142] "La voce garanzia è di origine germanica, dall'antico tedesco *waren* o *waeren*, onde warentare, difendere, usato per indicare l'obbligo di garanzia dell'autore (*Warens*) nella compra-vendita: da cui derivano Le forme italiane medioevali guarentire e guarentigia, e il moderno verbo garantire (*garantir, garantizar, gewähren, warrant*).", conforme FRAGALI, Michele. Garanzia (premessa, garanzia e diritti di garanzia), *in Enciclopedia del Diritto*, Vol. XVIII Foro – Giud. Varese: Giuffrè, 1969, p. 446-484, esp. p. 447. Veronique Nicolás procede a abordagem conceitual de risco distinguindo-o da garantia. Inicia referindo as noções de garantia no direito obrigacional, para especificar tal figura no âmbito do seguro, assim traça as três concepções mais comuns: a) a garantia como cobertura securitária, constituindo-se esta na obrigação de garantia devida pelo segurador, do que expressamente discorda [a autora (francesa) alinha-se à compreensão de matriz francesa no sentido de que o contrato de seguro se constitui em contrato aleatório, em razão de que a obrigação do segurador está intrinsecamente relacionada com o evento incerto, de maneira que a garantia de cobertura é condicional]; b) a garantia relacionada à segurança, pelo fato de que o contrato de seguro sintetiza a busca por segurança em favor do segurado, beneficiários ou terceiros vitimados pelo segurado (o contrato de seguro representa, assim, uma proteção aos indivíduos), mas tal acepção é compreendida no contrato de seguro em geral, mas não no contrato de seguro singularmente considerado; c) a garantia como extensão da obrigação do segurador, e aqui a garantia está, em verdade, relacionada com a limitação da assunção das consequências, pelo segurador, frente a ocorrência do acontecimento incerto, hipótese que, segundo a autora, aproxima conceitualmente risco e garantia, embora estes não sejam, nem possam ser admitidos, sinônimos. A autora sustenta a existência de um objetivo comum do risco e da garantia, esta complementando aquele, ambos em razão da delimitação das consequências advindas do acontecimento incerto: "[...] el riesgo y la garantía no se confunden. El riesgo, entendido como las consecuencias de la realización de un acontecimiento incierto, puede encontrar en la garantía un complemento. Él consiste en una primera determinación aproximada y global de las consecuencias de la realización de un acontecimiento incierto, es decir, de cargas que el asegurador acepta asumir en caso de siniestro. La delimitación más precisa de los efectos de la garantía que el asegurador acepta asumir en el momento de la realización del siniestro." NICOLÁS, Veronique. Contribución al estúdio del riesgo en el contrato de seguro [tradução de Hilda Esperanza Zornoza], *in* Revista Ibero-latinoamericana de Seguros, n. 14, abril 2000, p. 45 (este artigo sintetiza parte da tese da autora *Essai d'une nouvelle analyse du contrat d'assurance*. Paris: LGDJ, 1996). Não se adota, como é desenvolvido ao longo do trabalho, a compreensão da autora, ora sintetizada.

No âmbito do direito privado, em sentido estrito o termo *garantia* serve para expressar a prestação acessória de garantia, inerente à relação obrigacional secundária assumida com o fim de garantir o adimplemento da prestação atinente à relação originária e principal.[143] Mas ainda dentro dos limites do direito privado, em sentido amplo, a expressão *garantia* comporta outros tantos significados,[144] entre eles, e no campo que interessa a esta obra, a já mencionada *contraprestação* frente ao prêmio, traduzida em proteção ao interesse assegurado frente a determinados riscos.[145]

Dito de outra maneira, o segurado busca a garantia, a proteção de interesse *em relação* ao bem imediatamente considerado, buscando resguardar-se dos resultados advindos de determinados riscos previamente considerados.[146] O segurado não quer a indenização, nem pode pretendê-la, pois, do contrário, a concretização do risco desejada violaria preceito fundamental do seguro.

No seguro de dano, exemplificativamente o seguro de automóvel, o segurado quer a garantia, a proteção do seu interesse em relação ao seu automóvel contra os resultados negativos da ocorrência de um furto ou de um acidente que avarie seu bem. O segurado quer conduzir seu veículo com a tranquilidade a qual somente a confiança de que, concretizando-se um dos riscos contra o qual protegeu seu interesse em relação ao automóvel, os efeitos deste serão infinitamente menores ou inexistentes em comparação à não contratação do seguro. Essa confiança se dá através da garantia, da proteção alcançada pelo segurador. Dito de outra forma, é a contraprestação devida pelo segurador que

---

[143] "[...] che solo nel secolo XIX configuro la categoria dei cosiddetti contratti di garanzia (*Garantieverträge*), e formulò la classificazione dei diritti Ed obblighi di garanzia, distinguendo garanzie generali e speciali, semplici e di prelazione, personali e reali, principali e sussidiarie, convenzionali e legali, ecc.", conforme FRAGALI, Michele. Garanzia (premessa, garanzia e diritti di garanzia), *in* Enciclopedia del Diritto, Vol. XVIII Foro – Giud. Varese: Giuffrè, 1969, p. 446-484, esp. p. 447.

[144] A propósito, inúmeros usos à expressão *garantia*, no âmbito de direito privado, são relacionados por FRAGALI, Michele. Garanzia (premessa, garanzia e diritti di garanzia), *in* Enciclopedia del Diritto, Vol. XVIII Foro – Giud. Varese: Giuffrè, 1969, p. 446-484, esp. p. 448 e ss.

[145] Em tal sentido é a disposição do *caput* do art. 757, do Código Civil: "Pelo contrato de seguro, o segurador se obriga, *mediante o pagamento do prêmio, a garantir* interesse legítimo do segurado, relativo a pessoa ou a coisa, contra riscos predeterminados" (grifado). A mesma ideia contida em tal disposição, de correspondência entre garantia e prêmio, é mantida no art. 1º do Projeto de Lei 3.555/2004, o qual pretende estabelecer normas gerais em contrato de seguro privado, e repetida no art. 6º do Projeto de Lei 8.034/2010, apenso ao PL 3.555/2004: "Pelo contrato de seguro, a seguradora se obriga, mediante um prêmio equivalente, a garantir interesse legítimo do segurado ou beneficiário contra riscos predeterminados".

[146] Reitera-se a lição de Fabio Konder Comparato para quem "o interesse segurável, como objeto material do contrato de seguro, não é, pois, uma coisa, mas uma relação, como indica a própria etimologia (*inter esse*); mais precisamente, é a relação existente entre o segurado entre a coisa ou pessoa sujeita ao risco". COMPARATO, Fabio Konder. *Seguro de Crédito*. São Paulo: Revista dos Tribunais, 1968, p. 26.

suplanta a crença de estar seguro contra eventos supervenientes ao interesse relacionado a um determinado bem.

Evidentemente a *técnica do risco* aliada ao *princípio mutualístico* é subjacente à *garantia*, pois a seguradora somente terá lastro econômico-financeiro para assumir tal contrapartida se, considerado e aplicado o princípio da objetividade, selecionar e agrupar os riscos adequadamente, formar a população na qual dispersará os riscos, e, a partir de então, estabelecer o prêmio, e, com isso, formar o *fundo comum de proteção securitária*.

No resseguro não há uma apuração do prêmio tão precisa frente aos riscos considerados como se dá em relação ao seguro, cujo cálculo aplicado, como visto, tende a, se não eliminar, tornar remota a hipótese de os riscos concretizados prejudicarem o fundo comum que dará lastro à garantia, contraprestação devida pelo segurador. Todavia, o ressegurador contrapresta uma garantia, uma proteção ao segurador-ressegurado, como contrapartida ao prêmio devido por este, e calculado de forma diversa, com a finalidade de salvaguardar o patrimônio do segurador-ressegurado contra os efeitos negativos do desempenho da atividade securitária.

A garantia, contraprestação devida pelo ressegurador, a toda evidência não é a mesma *in concreto* devida pelo segurador-ressegurado ao segurado. O objeto (interesse e risco) especificamente considerado não é o mesmo, a determinar a prestação *prêmio*, e, por isso, tanto menos haverá identidade entre a garantia contraprestada no resseguro frente à garantia contraprestada no seguro subjacente.

Até então se tratou da garantia na acepção de contraprestação devida pelo segurador frente ao prêmio, no contrato de seguro, e pelo ressegurador frente ao prêmio, no contrato de resseguro. Todavia, a garantia assume outros contornos, novo conteúdo significante. Se em um primeiro momento a garantia pode ser vista como a *contraprestação* da seguradora, ela também pode ser tida como a *causa-função* do contrato de seguro.[147] Trata-se da utilização de conceitos distintos, unidos por uma mesma expressão e estreitamente relacionados.

---

[147] A garantia como causa do contrato de seguro, no sentido de finalidade, afastaria a possibilidade de tratar o seguro como contrato regulado pela justiça comutativa. Nesse sentido, Pasqualotto, para quem a garantia, enquanto finalidade, não se confunde com a prestação. Para o autor, à garantia corresponde a responsabilidade, significando direito expectativo do segurado. Com a ocorrência do sinistro, o que é sempre aleatório, a garantia transforma-se em crédito do segurado, a partir da indenização, prestação devida (portanto, débito) pela seguradora. Persiste o autor na concepção de contrato de seguro como aleatório. PASQUALOTTO, Adalberto. *Contratos nominados III*: seguro, constituição de renda, jogo e aposta, fiança, transação e compromisso. (Biblioteca de direito civil. Estudos em homenagem ao Professor Miguel Reale; v. 9. Coordenação Miguel Reale e Judith Martins-Costa) São Paulo: Revista dos Tribunais, 2008, p. 62 e 66-74. Discorda-se de

Perceber o contrato de seguro, ou mesmo o contrato de resseguro, a partir da contraprestação devida, qual seja, a garantia, pode induzir à confusão entre *prestação*, em sentido lato, e *causa*. Contudo, não somente uma das prestações informa a causa do contrato.[148] A garantia, contraprestação da seguradora, se relaciona com o prêmio, prestação do segurado, e, em certa medida, mas não isoladamente, informa a causa do contrato de seguro. Mas o que essa correspectividade entre *prêmio* e *garantia* implica? Qual a grande ou a importante negociação instrumentalizada pelo seguro?

Quando Ewald trata da segurança no sentido de confiança, e equipara o seguro às demais instituições capazes de propiciar tal bem,[149] parece ressaltar a *vocação* do negócio jurídico seguro para a promoção de segurança. *Segurança, confiança* e *garantia* não são, a toda evidência,

---

tal perspectiva, conforme exposto antes neste trabalho, no que diz respeito à comutatividade da relação contratual de seguro, e, seguindo o raciocínio proposto pelo autor, a responsabilidade da seguradora, que chama para si os resultados negativos da concretização de um risco, pode [e no caso do seguro é], ser objeto de contratação, e, nesse sentido, deixa de configurar direito expectativo da contraparte no contrato.

[148] A questão da causa será oportuna e pormenorizadamente tratada, quando do exame da função do contrato de resseguro, ponto seguinte. Contudo, a propósito do que por ora se aborda, é válido ressaltar as colocações de Emilio Betti que, procurando estabelecer o que a causa não se constitui, refuta que a causa se identifique com um dos elementos do negócio jurídico, como a prestação ou a contraprestação: "Na verdade, nos contratos sinalagmáticos, para nos limitarmos a estes, a causa não é um ou outro dos dois objectos permutados ou entregues, isoladamente considerados em si mesmos, mas sim a relação comutativa ou associativa que se estabelece entre eles e que se exprime na troca ou na colocação em comum. Ela é, necessàriamente, comum a ambas as partes de qualquer negócio bilateral, e portanto idêntica para ambas. Só uma visão atomística, que destrói a unidade do negócio e considera este sob o ponto de vista unilateral de cada uma das partes, pode conseguir ver a causa na contraprestação: por ex., a causa da «obrigação» do vendedor no preço, e inversamente, a do comprador na coisa ou na correspectiva obrigação de prestar a coisa. Quem tem esse modo de ver, não repara no absurdo lógico que é conceber aquilo que não passa de um simples elemento de um todo, como sendo a razão justificativa de um outro elemento do mesmo todo, em vez de reconhecer a mútua interdependência e a comum subordinação de um e outro elemento à totalidade e à unidade funcional do todo de que fazem parte: sòmente essa unidade pode constituir a razão justificativa daquilo que se procura". BETTI, Emilio. *Teoria Geral do Negócio Jurídico*. Tradução de Fernando de Miranda. Tomo I. Coimbra: Coimbra, 1969, p. 329-402, esp. p. 349. No mesmo sentido é a observação de Gerson Branco ao tratar da função do negócio jurídico e do problema da causa: "Nos contratos sinalagmáticos a causa não é uma ou outra das prestações, isoladamente consideradas, mas sim a relação comutativa que se estabelece entre elas e que se exprime na troca. A causa é comum e idêntica para ambas as partes. Não se pode considerar a contraprestação como causa, pois a contraprestação é um elemento do todo, que se subordina à outra contraprestação. Somente a unidade funcional do todo é que constitui a justificativa, a razão do contrato". BRANCO, Gerson Luiz Carlos. *Função Social dos Contratos*: interpretação à luz do Código Civil. São Paulo: Saraiva, 2009, p. 75.

[149] Questão abordada em item precedente, por ocasião do exame da questão da mutualidade presente no seguro, a demandar a necessária empresarialidade em relação à atividade securitária, EWALD, François. Risco, sociedade e justiça, *in* IBDS (org.). *II Fórum de direito do seguro José Sollero Filho*. São Paulo: Manuais Técnicos de Seguros / IBDS, 2002, p. 27-42.

termos equivalentes, possuem significados diversos,[150] os quais, no contexto securitário, se aproximam para designar o que é, de um lado, buscado pelo segurado e, de outro, disponibilizado pelo segurador. O que o segurador disponibiliza só o faz mediante a prestação do segurado, que propicia ou respalda tal contraprestação, mas é preciso ambas, e não somente uma delas, se articularem de forma a revelar a causa justificadora do negócio securitário.

Ao examinar causa e motivo do contrato, Roppo identifica o problema da causa com a necessidade de explicar "a razão e o sentido das transferências de riqueza que constituem a substância de qualquer operação contratual", com isso identificando a causa do contrato "com a operação jurídico-econômico [...], com o conjunto dos resultados e dos efeitos essenciais que, tipicamente, dele derivam, com a sua função económico-social, como frequentemente se diz". Assim, na compra e venda, a causa é a permutação ou transferência de um bem, atendendo a determinados interesses com esse bem relacionados; no seguro, causa é a promoção de segurança em relação a interesse jurídico sobre determinado bem. Ambos, compra e venda e seguro, em última análise, propiciam uma troca, e nesse sentido Roppo é ainda mais claro ao ressaltar que a "causa de qualquer contrato de seguro é a troca entre entregas de dinheiro – o prêmio – e a segurança derivada da promessa de ser aliviado das consequências económicas de determinados riscos".[151]

Pode, de fato, não parecer apropriado tecnicamente expressar a causa-função do negócio securitário como garantia, por remeter tal afirmação à contraprestação devida pelo segurador ou ressegurador, conforme se trate de seguro ou resseguro. Contudo, parece, de outro lado, inegável ser a ideia de garantia, de segurança, aquela que melhor

---

[150] Qualquer das palavras compreendem múltiplas concepções apenas no âmbito jurídico. As acepções de garantia, no âmbito de direito privado, foram abordados por FRAGALI, Michele, no já mencionado verbete Garanzia (premessa, garanzia e diritti di garanzia), in Enciclopedia del Diritto, Vol. XVIII Foro – Giud. Varese: Giuffrè, 1969, p. 446-484. Sob o mesmo verbete – garanzia – estão examinadas as garantias processuais, administrativas, constitucionais e patrimoniais penais, p. 466 e ss. A segurança, por sua vez, alcança significados e aplicação diversificados no âmbito jurídico, apesar de estar direta ou indiretamente ligada à ideia de segurança jurídica, implicada pela confiança, seja quando a confiança é analisada como fundamento da ordem jurídica, seja quando a confiança é alçada à condição de princípio jurídico. Para uma análise da confiança, inclusive como fundamento da ordem jurídica, com mais acento à compreensão de princípio jurídico, e restrita ao âmbito do direito privado, ver BRANCO, Gerson Luiz Carlos. A proteção das expectativas legítimas derivadas das situações de confiança: elementos formadores do princípio da confiança e seus efeitos, in Revista de Direito Privado, n. 12, Ano 3, outubro-dezembro 2002, p. 169-225. Em relação à segurança, com mais acento no âmbito do direito público, AVILA, Humberto. Segurança Jurídica: entre permanência, mudança e realização no Direito Tributário. São Paulo: Malheiros, 2011.

[151] ROPPO, Enzo. O contrato. Tradução de Ana Coimbra e M. Januário C. Gomes. Coimbra: Almedina, 2009, p. 196-197.

exprime os termos da troca comutativa, e não aleatória, a respaldar causalmente o negócio securitário.[152]

2. Função do negócio jurídico ressecuritário

O exame dos elementos essenciais do negócio [res]securitário (interesse, risco, prêmio e garantia) evidencia o fato de o resseguro se estruturar em função do seguro, mas sem com este se identificar, mostrando-se o resseguro autônomo em face do seguro. O interesse cifrado pelo risco no resseguro diz respeito ao interesse do segurador em relação à solvência e higidez de seu patrimônio frente aos riscos da atividade explorada. E é em vista de tal interesse cifrado pelo risco que se estabelecem o prêmio e a garantia, prestação e contraprestação do negócio ressecuritário, apurados segundo cálculo diverso daquele empreendido no seguro.

A explicação da autonomia do resseguro e, concomitantemente, sua forte conexão com o seguro é tarefa a ser necessariamente concluída para posterior compreensão do que, e em que termos, resseguro e seguro compartilham. Na conclusão de tal tarefa faz-se pertinente destacar a abordagem inicial de Klaus Gerathewohl, no primeiro volume de sua obra referência no tema resseguro. Dizer "re[s]"seguro implica supor a existência de um seguro original, primário, e, independente da discussão sobre a natureza do resseguro, impera a concordância de não ser possível a existência do resseguro sem o seguro. E é devido a tal dependência do resseguro que "não se pode considerar sua função separadamente do produto oferecido pelo segurador direto (primário)", no caso, o seguro.[153] Compreende-se, assim, porque a noção conceitual do resseguro vem dada de modo especial por sua função,[154] e porque a

---

[152] Tanto a questão da causa, quanto a questão da álea serão oportunamente retomadas, a causa a ser enfrentada em item subsequente desta primeira parte, e álea, e, como decorrência, a questão que com ela se liga relativa ao contrato aleatório, na segunda parte do trabalho, exame que se entende como necessário ao enfrentamento da partilha da álea no contrato de resseguro.

[153] As expressões entre aspas foram traduzidas. GERATHEWOHL, Klaus. *Reinsurance*: principles and practice. Vol. I. Karlsruhe: Verlag, 1982, p. 1.

[154] Nesse sentido, ROMERO MATUTE, Blanca. El contrato de reaseguro: algunos aspectos de su régimen jurídico (primera parte), *in Revista Ibero-latinoamericana de Seguros*, n. 13, agosto de 1999, p. 99 e ss. É comum na literatura especializada iniciar a abordagem conceitual do resseguro recorrendo à função que esta figura contratual desempenha em relação ao seguro. A propósito: HAGOPIAN, Mikaël, "Le role essentiel de la réassurance est, sinon de supprimer du moins d'atténuer lês conséquences dês incertitudes inhérentes aux techniques de l'assurance", La réassurance, *in* BIGOT, Jean (dir.). *Traité de Droit des Assurances*, Tome I (Enterprises et organismes d'assurance), 2ª ed. Paris: LGDJ, 2009, p. 515; STIGLITZ, Rúben, para quem o resseguro é uma das alternativas para satisfazer coberturas que excedem as previsões normais do segurador, e consiste na "técnica negocial que permite al asegurador, una vez determinada la suma máxima

relação estabelecida entre resseguro e seguro se sintetiza com propriedade na expressão "nexo funcional".[155]

O motivo pelo qual se examina *função* do resseguro diz respeito à íntima relação que tais aspectos do negócio ressecuritário em questão guardam com a partilha da álea, sustentando-se, a propósito, ser a partilha da álea corolário da função econômico-social[156] (ou *causa-função*, ou, ainda, *causa objetiva*) do resseguro.

Ressalta-se, entretanto, não constituir objetivo, porque inalcançável diante dos fins propostos, dissertar sobre a teoria da causa,[157] mas de refletir aspectos atinentes à teoria da causa objetiva no âmbito restrito do negócio securitário, no qual, ainda mais restritamente analisado, se insere o contrato de resseguro.

A causa subjetiva, compreendida como "o fim prático que individualmente se busca por meio do contrato" de resseguro, contribui

---

que en el marco de lo razoable puede comprometer, suscribir un convenio (tratado) con un reasegurador a quien habrá de cederle (transferirle) el exceso del riesgo que técnicamente no está dispuesto a afrontar y, por lo demás, conservar su clientela" ou, ainda, "modalidad de seguros de daños por el cual el asegurador/reasegurado se asegura (se garantiza), total o parcialmente, dentro de los limites estipulados concencionalmente, contra la aparición de un daño", Derecho de Seguros, Tomo III, 4ª ed. Actualizada y ampliada. Buenos Aires: La Ley, 2004, p. 299-300; HILL PRADO, Maria Concepción. "El concepto del reaeguro viene dado por la finalidad que con este contrato busca el reasegurado, obtener la protección del seguro contra el posible riesgo de tener que realizar la prestación prometida al asegurado o al beneficiário, en caso de siniestro de la cosa o persona asegurada", *El reaseguro*. Barcelona: J. M. Bosch, 1995, p. 31-32; CAPOTOSTI, Renzo A. qualifica o resseguro como "strumento di ripartizione dei rischi assicurati e di finanziamenti delle attività assicurative", também, assim, iniciando a abordagem do conceito de resseguro pelas funções que este desempenha junto ao seguro. *La riassicurazione*: Il contratto e l'impresa. Torino: UTET, 1991, p. 8 e ss.

[155] A expressão é de MARTINS-COSTA, Judith, O Contrato de Resseguro e o Princípio da Partilha da Álea, *in Revista Brasileira do Seguro e da Responsabilidade Civil*, v. 1, 2009, p. 157-179. JARAMILLO J. Carlos Ignácio utiliza expressão similar, "dependência funcional", embora também utilize a expressão "dependência genética" para explicar a relação do resseguro frente ao seguro. Configuración y alcances de la 'Comunidad de suerte' en el contrato de reaseguro, *in Revista Ibero-latinoamericana de Seguros*, n. 10, Julio 1997, p. 94-95.

[156] MARTINS-COSTA, Judith, O Contrato de Resseguro e o Princípio da Partilha da Álea, *in Revista Brasileira do Seguro e da Responsabilidade Civil*, v. 1, 2009, p. 157-179. Tal perspectiva se coaduna com a teoria da causa desenvolvida por Emilio Betti, destacada em capítulo específico sobre a função do negócio jurídico (Cap. III, do Tomo I), marcando em definitivo a teoria da causa do negócio jurídico. BETTI, Emilio. *Teoria Geral do Negócio Jurídico*. Tradução de Fernando de Miranda. Tomo I. Coimbra: Coimbra, 1969, p. 329-402. Para um exame sintetizado, mas nem por isso superficial, a respeito da teoria da causa, ver COUTO E SILVA, Clóvis Veríssimo do. Teoria da causa no Direito Privado, *in* FRADERA, Véra Maria Jacob de (org.). *O Direito Privado brasileiro na visão de Clóvis do Couto e Silva*. Porto Alegre: Livraria do Advogado, 1997, p. 59-71.

[157] Há tantas obras definitivas e irretocáveis a respeito da teoria da causa, de maneira que as presentes considerações sequer podem ser tidas como uma contribuição relevante à matéria. Entre as obras a respeito do tema, o recente trabalho publicado por Luis Renato Ferreira de Silva com objetividade e asserção consegue solver a confusão normalmente reinante na matéria. SILVA, Luis Renato Ferreira da. *Reciprocidade e contrato*: a Teoria da Causa e sua aplicação nos contratos e nas relações "paracontratuais". Porto Alegre: Livraria do Advogado, 2013.

para a verificação dos aspectos de licitude e moralidade, bem como da utilidade da contratação entabulada.[158] Tal contribuição se liga à própria causa objetiva, contribuindo para sua compreensão no que toca ao resseguro, isto é, à qual finalidade prática perseguida pelas partes no negócio jurídico ressecuritário. Contudo, compreende-se que o exame da causa subjetiva não traz expressiva contribuição ao objetivo deste trabalho, mormente ante o fato de, apesar da roupagem de *finalidade prática*, estar relacionada à intencionalidade das partes, ligando-se intimamente à vontade, a qual deixou de ser a única protagonista na funcionalização da autonomia privada.

A teoria da causa objetiva do negócio jurídico ao sustentar a relevância da *função* desempenhada pelo negócio, sua *função econômico-social*, quer que se cumpra uma finalidade que extravasa o âmbito restrito da autonomia das partes e seus interesses. Por isso Betti explicita que "A causa é, em resumo a função de interesse social da autonomia privada".[159] Por isso Betti destaca, pontuando a superação de uma concepção puramente autonômica de negócio jurídico, ser uma das relevâncias jurídicas da causa não deixar "no poder das partes dispensar, arbitrariamente, a presença de elementos que constituem parte integrante de sua função típica [...], nem conferir eficácia a actos que não sejam, em si mesmos, idóneos para criar vínculos jurídicos".[160]

2.1. Função econômico-social do negócio jurídico ressecuritário

A matemática securitária, à qual é subjacente a técnica atuarial, *tende* a ser precisa para garantir a suficiência esperada do fundo comum o qual dá lastro à garantia devida pela seguradora, em determinado contrato de seguro. Contudo, essa suficiência é cogitada frente às circunstâncias de normalidade experimentadas na atividade securitária, e tais circunstâncias podem se tornar vulneráveis frente aos desvios influentes em dado padrão de normalidade. Tem-se, por isso, atenção ao denominado por Piza[161] como *desvios atuariais-securitários*, os quais podem ser divididos em (1) *desvios propriamente ditos* e (2) *desvios seculares*.

---

[158] Em tal sentido, PIZA, Paulo Luiz de Toledo. *Contrato de Resseguro*: tipologia, formação e Direito Internacional. São Paulo: Manuais Técnicos de Seguros: IBDS, 2002, p. 159 e ss.

[159] BETTI, Emilio. *Teoria Geral do Negócio Jurídico*. Tradução de Fernando de Miranda. Tomo I. Coimbra: Coimbra, 1969, p. 350.

[160] Idem, p. 354.

[161] PIZA, op. cit., p. 84 e ss.

Os primeiros se relacionam com a probabilidade de ocorrência dos sinistros contra os quais se busca garantia, observadas a frequência e a intensidade de tais sinistros ocorridos no passado (já observado para cálculo do prêmio), e os sinistros que efetivamente ocorreram no período para o qual a ocorrência dos sinistros foi considerada (normalmente o período sobre o qual se dá a garantia do contrato de seguro). Computam-se sob a rubrica dos *desvios propriamente ditos* desde os fatores ligados à natureza (variações cíclicas naturais geradoras de furacões ou terremotos, por exemplo) aos fatores ligados às contingências humanas, sociais e econômicas (ciclos econômicos de depressão ou desenvolvimento, por exemplo) influentes na ocorrência de sinistros em determinado ramo de seguro. Já os *desvios seculares* são fatores não diretamente relacionados ao risco ou ao sinistro, mas ainda assim com repercussão junto ao contrato de seguro, mais precisamente no cômputo do custo do seguro, e podem compreender circunstâncias como progresso tecnológico, posicionamento jurisprudencial, altas de preços, entre outras.[162]

A tais desvios, Piza salienta outras circunstâncias capazes de comprometer a matemática securitária no que diz respeito ao seu equilíbrio, circunstâncias estas traduzidas na *concentração de sinistros no tempo e no espaço*. Isto é, trata-se da ocorrência de sinistros de forma agrupada ou concentrada em determinado período de tempo ou numa determinada região ou localidade.[163] Em relação a tal possibilidade se coloca a vulnerabilidade da homogeneidade desejada quanto aos contratos de seguro, relativa não somente à identificação, seleção e agrupamento de riscos, bem assim como da população de segurados, mas também à possibilidade matemática de prever o número de sinistros que ocorrerão em dado período de tempo e em dada localidade. No entanto, a rígida observação da homogeneidade, adverte Buttaro, pode gerar uma limitação ao desenvolvimento da atividade securitária e à eficiência da empresa, e por isso deve ser coordenada com contratações não homogêneas, as quais, por sua vez, também não podem ser em proporção tal a ponto de significar uma dispersão de clientela.[164] O mecanismo ressecuritário atua, assim, também como fator de equilíbrio ao respaldar contratações homogêneas e não homogêneas, no âmbito técnico, mas com repercussão no desempenho comercial do segurador.[165]

---

[162] PIZA, Paulo Luiz de Toledo. *Contrato de resseguro*: tipologia, formação e direito internacional. São Paulo: Manuais técnicos de seguros: IBDS, 2002, p. 84.

[163] Idem, p. 85.

[164] BUTTARO, Luca. Riassicurazione, *in Encicplopedia del Diritto*, Vol. XI Restituzione – Riunione. Varese: Giuffrè, 1989, p. 376.

[165] Embora o desempenho comercial não justifique, como se verá adiante, a partilha da álea.

Tais variáveis [desvios propriamente ditos, desvios seculares, e as questões relativas ao equilíbrio entre contratos homogêneos e não homogêneos] se constituem em *fatores de desnivelamento do sistema securitário*, para os quais se colocam duas soluções possíveis, capazes de prevenir o segurador contra tais fatores de desequilíbrio: o cosseguro e o resseguro. O cosseguro, apesar da sua utilidade, é solução inadequada, por questões de ordem prática, e sobremaneira em razão da limitação pertinente à homogeneização dos riscos em escala necessária e suficiente ao respaldo do segurador.[166] Sobressai-se, assim, o resseguro como a resposta adequada às vicissitudes capazes de comprometer o sistema securitário.

Assim colocada a questão, tem-se anunciada a *função econômico-social* do negócio *resseguro*, voltada a "garantir o patrimônio do segurador-ressegurado em relação a riscos que recaiam sobre ele em virtude da atividade securitária".[167] Esse enunciado, em realidade, sintetiza,

---

[166] Em que pese o cosseguro não seja matéria deste trabalho, convém ressaltar a noção conceitual de tal figura como a "operação econômico-jurídica pela qual várias empresas de seguros, conjuntamente e sem que entre elas haja solidariedade, assumem determinado risco, de regra mediante um contrato de seguro único, com as mesmas garantias e período de duração e com um prêmio global", conforme leciona Judith Martins-Costa, O co-seguro no direito brasileiro: entre a fragilidade da prática e a necessidade de reconstrução positiva do instituto, *in* IBDS (org.). *II Fórum de direito do seguro José Sollero Filho*. São Paulo: Manuais Técnicos de Seguros: IBDS, 2002, p. 339-357, esp. na p. 40. O cosseguro, como refere a autora, distingui-se da figura da pluralidade de seguros e do resseguro "seja pelo critério das distintas finalidades desses institutos, seja pela análise da operação econômica subjacente, seja pelo exame da relação estabelecida entre as empresas e a parte segurada", e tais diferenças são abordadas sucintamente no trabalho da referida autora, p. 340 e ss. Basilar para a compreensão de tal instituto, são as lições de co-seguro, procedidas por Pontes de Miranda, Francisco C. Tratado de Direito Privado. Rio de Janeiro: Borsoi, 1964, T. XLV, § 4915, e T. XLVI, § 4.993, item 2. Para uma visão panorâmica do cosseguro, guardadas as diferenças e semelhanças entre os ordenamentos espanhol e brasileiro, ver também MUÑOZ PAREDES, José María. O co-seguro tradicional e o contemporâneo, *in* IBDS (org.). *II Fórum de direito do seguro José Sollero Filho*. São Paulo: Manuais Técnicos de Seguros: IBDS, 2002, p. 299-337. As questões práticas que impedem o cosseguro como a melhor solução frente aos fatores de desnivelamento do sistema securitário, recaem sobre a inocorrência de solidariedade entre as seguradoras, o que sujeitaria o segurado a demandar individualmente cada uma delas. Além disso, há a limitação na homogeneização dos riscos, uma vez que "a importância segurada máxima pertinente a um risco depende, antes de mais nada, do número de co-seguradores que colaborem e de suas respectivas capacidades econômicas individuais para a assunção de responsabilidades, valendo aduzir que, tecnicamente, todo o acordo de co-seguro supõe o exercício de um controle no sentido de que o intercâmbio de operações entre as co-seguradoras seja eqüitativo, tanto em seu volume quanto em sua qualidade – o que, aliás, freqüentemente, gera uma série de problemas administrativos e comerciais". PIZA, Paulo Luiz de Toledo. *Contrato de resseguro*: tipologia, formação e direito internacional. São Paulo: Manuais técnicos de seguros: IBDS, 2002, p. 87. A tais problemas suscitados por Piza, somam-se aqueles identificados por Judith Martins-Costa, ligados à necessidade de exata qualificação do instituto do co-seguro e do desenvolvimento de sua disciplina jurídica, *in O co-seguro no direito brasileiro:* entre a fragilidade da prática e a necessidade de reconstrução positiva do instituto, op. cit.

[167] "[...] a razão de ser do resseguro, isto é, a sua função econômica e social, está *na utilidade da garantia que presta,* a saber: que o patrimônio do segurador/ressegurado não seja atingido como conseqüência do nascimento de uma dívida frente ao segurado, em razão da realização do risco

numa fórmula genérica, as especificidades ligadas à função desempenhada pelo resseguro, especificidades que auxiliam à compreensão conceitual do próprio resseguro e de sua autonomia frente ao seguro.

A função do resseguro vem, basicamente, mitigada sob dois aspectos: a) *técnico*, por racionalizar a operação securitária, contribuindo à determinação do grau de homogeneidade necessária; e b) *financeiro*, ao amparar a capacidade financeira da empresa seguradora, por ser fator integrante do cálculo chamado *standard*, relativo à apuração da margem de solvabilidade e reserva técnica, sendo, por isso vital para a obtenção de autorização administrativa do exercício da atividade securitária e para atender à demanda de segurança e continuidade ligadas ao seu desempenho no mercado.[168] Esses dois aspectos estão intimamente relacionados, porquanto um "plano ressecuritário adequado à natureza e às dimensões dos riscos segurados" tem suma relevância na eficiência da gestão técnica do risco.[169] Esse plano viabiliza, por consequência, a eficiência econômico-financeira não só pela manutenção do êxito quanto às contratações já estabelecidas, como também pela possibilidade de ampliar a atuação da empresa seguradora no mercado.

As mesmas exigências econômicas de repartição de riscos em relação aos segurados, ocorrem aos seguradores, como também aos resseguradores, e por isso a figura da retrocessão,[170] até o mais completo esmiuçamento dos riscos, "num movimento centrífugo de parcelamento dos riscos (e por consequência cessão de prêmios)". A este movimento corresponde outro, de retorno, iniciado com a notícia da ocorrência do sinistro, pelo segurado. Esses movimentos nos dois sentidos são impulsionados pelo resseguro e podem ser traduzidos "em uma complexa contabilidade de fluxos financeiros regulados por saldos periódicos", que em termos mais facilmente apreensíveis significam não a transferência integral do risco, mas sua distribuição, porque "em cada passagem de um sujeito ao outro, cada um detém (ou melhor, conserva) alguma coisa para si".[171]

---

previsto na relação de seguro." MARTINS-COSTA, Judith. O Contrato de Resseguro e o Princípio da Partilha da Álea, *in Revista Brasileira do Seguro e da Responsabilidade Civil*, v. 1, 2009, p. 157-179.

[168] CAPOTOSTI, Renzo A. *La riassicurazione*: il contratto e l'impresa. Torino: UTET, 1991, p. 11 e ss.

[169] A expressão entre aspas é de Capotosti o qual, outrossim, sintetiza uma eficiente gestão do risco "nel perseguimento di una corretta politica di assunzione dei rischi e di liquidazione di danni, in un congruo accantonamento di reserve tecniche e, in via di conseguenza, nella ricerca di una *loss ratio* compatibile con i margini patrimoniali dell'impresa stessa". Idem, p. 12-13.

[170] A retrocessão, como já referido, vem definida no inciso IV, do § 1º, art. 2º da Lei Complementar 126/2007. Não se logrou encontrar material específico sobre a retrocessão, a qual vem tratada de maneira geral nas obras que abordam o seguro e o resseguro.

[171] As expressões entre aspas, que se constituem em tradução livre do texto, bem assim a ideia ora sintetizada são de CAPOTOSTI, op. cit., p. 13.

E é em vista da função do resseguro, sob tais aspectos, que Capotosti delineia sua noção conceitual, concluindo: a) "todo risco segurável é antes um risco ressegurável", de maneira que "o resseguro se dá pelo filtro do seguro"; b) o resseguro se constituiu em um momento do *procedimento negocial securitário* composto por uma série de negócios funcionalmente coligados entre si para realizar a repartição econômica dos riscos securitários; c) o resseguro se baseia na manutenção de uma quota de conservação do risco a cargo do segurador, pois, suprimida essa retenção resta prejudicada a função negocial de repartição do risco, essencial à higidez do sistema securitário.[172]

Segundo essa mesma linha de raciocínio, quanto aos aspectos técnicos e econômico-financeiros, embora, por vezes ainda mais mitigada, a função do resseguro vem explicitada como (i) *função de atomização e divisão do risco* e (ii) *função de financiamento ou de crédito*. Quanto à primeira, sua contribuição técnico-financeira viabiliza ao segurador ampliar considerável e quantitativamente os riscos assumidos, pois o resseguro se constitui em mecanismo que permite [figurativamente] a cessão dos riscos, os quais o segurador não pode suportar sozinho, ampliando sua capacidade contratual. Atua também de forma a permitir a divisão "das perdas entre várias massas de riscos, diminuindo-as para os seguradores, até que um maior conhecimento do tipo de seguro lhe permita calcular as taxas sobre bases matemáticas", sendo, pois, decisiva para expansão dos ramos de seguros e desenvolvimento de novos ramos.[173] Pode-se dizer que esta função é a expressão técnica da distribuição das perdas ocasionadas pelos sinistros, a qual permite à seguradora "determinar o grau de homogeneidade adequada, segundo as exigências atuariais". Essa função consiste na redução da margem de variação dos custos inerentes aos sinistros ocorridos e pagos, em razão da repartição

---

[172] As expressões entre aspas são tradução livre do texto do autor mencionado, o qual, buscando tornar mais apreensível a função desempenhada pelo resseguro, assim se expressa: "In definitiva, se il rischio è come un universo in espansione e quindi evolutivamente infinito e se il rischio assicurato (o assicurabile) è come un planeta di tale universo, e quindi finito, in quanto limitato da vincoli giuridici (contrattuali o di esercizio di impresa) ed economici (equilibrio tra premi ed indennizzi), la riassicurazione opera come una forza esterna di attrazione, che lega il planeta assicurato al sistema, impedendo allo stesso di perdersi nello spazio. A guisa dell'universo astronomico, il sistema assicrativo e riassicurativo mondiale si regge su un complesso equilibrio di forze. La riassicurazione regola questo equilibrio di forze, agendo sul lato della tecnica e su quello della finanza, oltre che sul piano giuridico dei contratti. L'equilibrio mantenuto dalla riassicurazione genera rapporti e collegamenti: collegamenti negoziali tra contratti, tecnici tra portafogli assicurativi e finanziari tra imprese; collegamenti che garantiscono, nel loro complesso intreccio, la stabilità del sistema". CAPOTOSTI, Renzo A. *La riassicurazione*: il contratto e l'impresa. Torino: UTET, 1991, p. 14-15 (grifou-se).

[173] As expressões entre aspas, que se constituem em tradução livre do texto, bem assim mitigação da função do resseguro, são de BROSETA PONT, Manuel. *El contrato de reaseguro*. Madrid: Aguilar, 1961, p. 10 e ss.

das perdas entre um ou mais resseguradores, em um ou mais exercícios.[174]

A função de financiamento ou de crédito, por sua vez, se dá em razão do fato de o resseguro permitir ao segurador assumir riscos superiores a suas reservas técnicas sem se tornar vulnerável às possíveis perdas decorrentes de tal assunção. Por isso, se pode colocar que, sob aspecto econômico-financeiro, "o resseguro substitui o capital do segurador", atuando como um banco.[175]

Atualmente, essa função tem assumido relevante papel em matéria de resseguro, ante a convergência das atividades financeiras e ressecuritária, desdobrando-se em outra especificação da função do resseguro, designada por Narvaez Bonnet como *função de proteção da atividade econômica*. Como destaca o autor mencionado, no âmbito da administração de riscos, seguro e resseguro se constituem em mecanismos de transferência de riscos, estando fortemente direcionados a amparar interesses empresarias relativos a, exemplificativamente, riscos de interrupção de negociações, riscos atinentes à mobilização de mercadorias, ou riscos afeitos à própria atividade empresarial. No entanto, o resseguro tem se desenvolvido também como um elemento do que o autor chama de *sistema alternativo de transferência de riscos*, alocando-se na etapa designada financiamento do risco. Aproxima-se o resseguro de outras inovações financeiras do mercado de capitais (fundos de investimentos, contratos de futuros e opções, *swaps*, etc.) os quais também se articulam em função do financiamento do risco em relação à determinada atividade econômica. Trata-se, assim, do resseguro financeiro, atualmente chamado de resseguro de risco limitado (*finite risk reinsurance*), caracterizado, resumidamente, por: limitação da responsabilidade do ressegurador em relação ao risco assumido; período contratual estendido por várias anualidades; participação dos intervenientes no contrato sobre perdas e ganhos; cálculo de rendimento futuro das quantias investidas; e, as vezes, a possibilidade do ressegurador solicitar um ajuste do prêmio.[176]

---

[174] Conforme ROMERO MATUTE, Blanca. El contrato de reaseguro: algunos aspectos de su régimen jurídico (primera parte), *in Revista Ibero-Latinoamericana*, n. 13, agosto 1999, p. 100.

[175] BROSETA PONT, Manuel. *El contrato de reaseguro*. Madrid: Aguilar, 1961, p. 10.

[176] O resseguro financeiro particulariza-se pelo fato de prever cobertura *prospectiva* (relativa a reivindicações futuras, pertinente, portanto, aos efeitos de [futuros] acontecimentos catastróficos ou eventuais flutuações de resultados da empresa); ou cobertura *retrospectiva* (relativa a reivindicações já existentes a serem administradas, geralmente justificadas no ramo de responsabilidade civil, no qual reivindicações podem aparecer tardiamente). Mais recentemente foram desenvolvidas as chamadas *coberturas combinadas* (*blended covers*), as quais se caracterizam por dois princípios básicos: minorar a volatilidade da experiência sinistral do segurador-ressegurado, permitindo, assim, estabilizar resultados; e impulsionar seu crescimento para além de sua capacidade patrimo-

A crítica lançada ao resseguro financeiro é a de não se constituir um verdadeiro resseguro, porque dispensa os principais pontos afeitos ao resseguro: o prêmio, técnica e atuarialmente apurado e estreitamente ligado ao risco, e a partilha da álea. Dada sua articulação peculiar, o resseguro financeiro mais se aproxima de uma operação financeira de crédito propriamente dita do que do resseguro, em qualquer das suas formas e modalidades.[177]

Para além desse desdobramento da função de financiamento, a consequência das especificações da função do resseguro é o alcance de equilíbrio, que a muitos autores ocorre identificar como função, ligada à coordenação das funções de atomização e divisão do risco e a de financiamento. O equilíbrio é obtido pela "distribuição das perdas que, por sua vez, ocasionam a realização dos riscos segurados", como também "porque o resseguro multiplica as possibilidades de subscrição de riscos da entidade seguradora e, à medida que a carteira de seguros cresce, a probabilidade de flutuações fortuitas na sinistralidade real, comparada com a sinistralidade esperada, diminui".[178]

Contudo, a função do resseguro não se esgota em tais especificações; o resseguro também se presta ao atendimento das necessidades das empresas seguradoras frente aos serviços ligados à cobertura securitária, isto é, na relação junto ao segurado. A tal especificação é plausível denominar *função de prestação de serviços* (ou *função de assunção de serviços*). Trata-se de um incremento o qual, nos anos recentes, tem ganhado muita expressividade, e se constitui, basicamente, na assunção, pelo ressegurador, de várias tarefas vinculadas a cada relação individual de seguro, nomeadamente a análise e a organização das ações a serem tomadas pela empresa seguradora no desempenho de sua função técnica, a prevenção de perdas atinentes aos riscos da atividade securitária, e a realização de retrocessão.[179]

---

nial. NARVAEZ BONNET, Jorge Eduardo. El riesgo en el contrato de reaseguro, *in* IBDS (org.). *I Fórum de Direito do Seguro José Sollero Filho*. São Paulo: Max Limonad, 2001, p. 190 e ss.

[177] Essa objeção ao resseguro financeiro é o motivo pelo qual não é tratada tal figura nesta obra, uma vez que restaria comprometido o objetivo específico perseguido em razão da dispersão temática. A crítica ao resseguro financeiro vem sintetizada por DÍAZ BRAVO, Arturo. El reaseguro financiero, *in Revista Ibero-latinoamericana*, n. 13, agosto 1999, p. 139-144.

[178] As expressões entre aspas se constituem em tradução da colocação da autora, ROMERO MATUTE, Blanca. El contrato de reaseguro: algunos aspectos de su régimen jurídico (primera parte), *in Revista Ibero-Latinoamericana*, n. 13, agosto 1999, p. 100.

[179] Klaus Gerathewohl denomina essa função de *assumption of services*, pelo fato de que, em realidade, o ressegurador toma para si serviços que são originalmente prestados pelo segurador. GERATHEWOHL, Klaus. *Reinsurance*: principles and practice. Vol. I. Karlsruhe: Verlag, 1982, p. 36-56.

Esse incremento no âmbito do resseguro se dá pela crescente competição do mercado securitário, no qual a escolha entre a contratação de uma empresa ou outra não se restringe mais ao valor do prêmio, cuja diferença é cada vez menor de uma seguradora para outra: passou, assim, a fazer diferença para a contratação os serviços agregados à cobertura. No setor produtivo e no setor comercial, a agregação do serviço de gestão e de controle de riscos, de maneira cooperativa entre segurado e seguradora, com a finalidade de prevenir ou reduzir as perdas decorrentes da concretização de riscos tem se tornado corrente.[180] A busca da eficiência econômica, diante da demanda crescente por serviços agregados, depende do fornecimento de serviços competitivos em termos de qualidade e preço em contrapartida à diminuição do custo associado. Nesse cenário, a assunção de certos serviços pelo ressegurador fez-se consequência natural. É mais viável econômica e administrativamente um ressegurador, que atende a inúmeros seguradores, centralizar certos serviços, como análise de risco de determinado ramo por diversos profissionais especializados (economistas, advogados, contadores, engenheiros, etc.), ao invés de cada segurador internalizar essa atividade.

Superadas as questões ligadas à demonstração da autonomia entre seguro e resseguro, sublinhando-se, contudo, a conexão funcional entre ambos através do exame da estrutura e função do resseguro, passa-se ao exame do princípio balizador dessa dinâmica partindo-se da compreensão preliminar da álea.

---

[180] GERATHEWOHL, Klaus. Reinsurance: principles and practice. Vol. I. Karlsruhe: Verlag, 1982, p. 36-37. Como exemplo do fenômeno da agregação de serviço à cobertura, presente no dia a dia da maioria das pessoas, pode-se mencionar os seguros de automóvel que fornecem serviço de troca de pneus ou de chaveiro para o caso de perda das chaves ou trancamento destas dentro do veículo.

Parte II

Partilha da álea em vista da estrutura e da função do contrato de resseguro

Quando se pensa em *partilhar a álea*, sentidos equívocos podem ocorrer, e tais sentidos se relacionam conforme o enfoque pretendido em determinada relação obrigacional, segundo dada abrangência. Dito de outra maneira, partilhar a álea pode ter significado e alcance muito amplo. Superada a fase precedente relativa à noção conceitual de contrato de resseguro, o primeiro desafio é estabelecer em qual sentido se trata o tema específico e qual a abrangência de seu exame, a começar pelo significado elementar das palavras que designam e se relacionam com a partilha da álea.[181]

Antes, convém abordar o significado elementar de *alea*, cujo exame etimológico se mostra um bom começo. Do latim, sua explicação etimológica mais recorrente é a designação de um dado, pequeno cubo com as faces marcadas,[182] instrumental para a realização de um jogo. Posteriormente, fundiu-se esse significado com o próprio ato de jogar,[183] cujo resultado era incerto, daí sua associação com a ideia de sor-

---

[181] Como lapidarmente refere Martins-Costa, apoiando-se em Carlos Drummond de Andrade, "'Lutar com palavras é a luta mais vã', escreveu nosso grande poeta. E é a luta mais vã não apenas porque 'o inútil duelo jamais se resolve'. Também é porque, para os juristas, as palavras constituem perigosos instrumentos de trabalho, como os bisturis os são para o cirurgião, e a pá é o meio que tem o pedreiro para cimentar solidamente uma parede. Para nós, as palavras são instrumentos de precisão. Se manejados deficientemente, estes nossos bisturis produzem danos, pelos menos os danos da incompreensão e da qualificação. Porque qualificar é compreender." MARTINS-COSTA, Judith. Mercado e solidariedade social entre cosmos e taxis: a boa-fé nas relações de consumo, *in* MARTINS-COSTA, Judith (org.). *A Reconstrução do Direito Privado*. São Paulo: Revista dos Tribunais, 2002, p. 622.

[182] Nos primórdios este dado era o osso quadrado retirado do tornozelo de carneiros ou veados (astrágalo ou osso metatársico). Consta que no Egito, cerca de 3500 a. C. já se utiliza tal artefato para jogos variados. O jogo de dados como se conhece hoje e a expressão "jogo de azar" devem-se aos Cruzados, que levaram à Europa jogos similares, jogos de *al zahr*, dados, em árabe. BERNSTEIN, Peter. *Desafio aos Deuses*: a fascinante história do risco. Tradução de Ivo Korytowski. Rio de Janeiro: Campus, 1997, p. 12-13.

[183] O verbete *alea* é tido tanto como dado, quanto como jogo de sorte, e, nesse sentido, as vezes utilizado no sentido metafórico de risco. Conforme versão web do Vocabolario Etimologico della Lingua Italiana di Ottorino Pianigiani, disponível em http://www.etimo.it/?pag=hom, acessado em 20 de setembro de 2011. Ver também SILVEIRA BUENO, Francisco. *O Grande Dicionário Eti-*

te. O resultado do jogo dependia da *sorte*, e a álea, assim, foi também tomada por essa significação.[184] A álea, em momento que não se pode precisar, mas ainda associada ao ato de jogar e à ideia de sorte, passou a comportar o sentido metafórico de *risco*, influenciando uma das concepções para seu derivativo *aleatório*, referência adjetiva ao que está exposto ao risco.

A referência à ideia de risco, tão consentida e relacionada com uma compreensão prévia de *álea* e *aleatório* com a ideia de *sorte*, evidencia não se tratar, inicialmente, do risco objetivado pela ciência humana, mas do risco em sua expressão mais elementar, ainda fortemente ligado às ideias de "acontecimento incerto" ou "incerteza do acaso".[185] Não há uma identificação de significados entre *sorte* e *risco*, embora sejam tais palavras comumente utilizadas para referir o fato cujo acontecimento ou concretização seja incerto, isto é, *um fato não controlável e imprevisível*, e daí também a utilização de *incerteza* como sinônimo, ou fortemente associada às demais expressões álea, sorte e risco.

De outro lado, *partilhar*, cuja origem etimológica está no latim, *partem*, uma parte de um todo,[186] pode significar: a) a operação de dividir, ou repartir, em várias partes determinada coisa; ou b) o ato designativo

---

mológico - Prosódio da Língua Portuguesa. Vol. I. São Paulo: Saraiva, 1963. SARAIVA, F. R. dos Santos. *Dicionário Latino-português*. Garnier, 2006.

[184] *Alea jacta est* é, a propósito, a máxima latina popularizada, e supostamente dita por Júlio César ao decidir cruzar o rio Rubico com suas legiões, divisa entre a Gália e a Itália, em manifesta afronta ao Senado Romano. Essa atitude de Júlio César significou uma afronta também a Roma, lançando-o numa marcha de vida ou morte, cujo desfecho se deveria mais à sorte do que a qualquer outra razão. A expressão, cuja correspondência mais precisa é "os dados estão lançados", é comumente traduzida como a "a sorte está lançada", e é utilizada para referir uma decisão irreversível. Encyclopedia Britannica, disponível nos endereços <http://www.history.co.uk/encyclopedia/caesar-julius.html> e <http://www.britannica.com/bps/search?query=julius+caesar>, acesso em 20 de setembro de 2011. No entanto, ressalva-se que o sentido de tal expressão se relaciona à pretensão de eliminar a contingência a partir da escolha e da ação. Quando Julio César cruzou o rio e proferiu que a sorte estava dada, pressupôs ter lançado sua própria sorte, como se esta dependesse exclusivamente de sua ação.

[185] Como mencionado, essa é, evidentemente, uma compreensão muito rudimentar. Não se ignora a diferença existente entre *incerteza* e *risco*, distinção pela qual se reputa a *incerteza* como "um sentimento humano imensurável" e o *risco* "um dado social objetivo [cuja] regularidade e intensidade de sua incidência, assim como seus efeitos e a conseqüência destes últimos, podem ser previamente conhecidos com alto grau de certeza", o que se coaduna com a técnica atuarial aplicada ao seguro, conforme se verificou oportunamente. TZIRULNIK, Ernesto; CAVALCANTI, Flávio de Queiroz Bezerra; PIMENTEL, Ayrton. *O Contrato de Seguro*: de acordo com o novo Código Civil Brasileiro, 2ª ed. São Paulo: RT, 2003, p. 37.

[186] Conforme versão web do Vocabolario Etimologico della Lingua Italiana di Ottorino Pianigiani, disponível em http://www.etimo.it/?pag=hom, acessado em 20 de setembro de 2011. Ver também SILVEIRA BUENO, Francisco. *O Grande Dicionário Etimológico* - Prosódio da Língua Portuguesa. Vol. VI. São Paulo: Saraiva, 1966, e SARAIVA, F. R. dos Santos. *Dicionário Latino-Português*. Garnier, 2006.

de uma comunhão, *ter em comum*, *compartilhar*, uso designado como figurativo.

Assim, quando se pensa em *álea* parece inextrincável de sua compreensão, porque subjacente a ela, a ideia de *risco*. Pensar em *partilhar a álea* pode admitir como significação: a partilha [no sentido figurativo, que remete à ideia de comunhão, compartilhar[187]] das consequências ligadas a um fato incontrolável e imprevisível, este podendo ser apreendida como um risco [possível de ser objetivado e relacionado a uma probabilidade de ocorrência].

Pensar a partilha da álea sob tal significação, em matéria de direito obrigacional, pode, assim, designar inúmeras coisas. Exemplificativamente, pode significar o compartilhamento do risco no que diz respeito a um acidente no trânsito, cuja concretização repercutirá no plano da responsabilidade civil extracontratual. Pode, outrossim, significar o compartilhamento do risco inerente à atividade empresarial, entre os sócios. Partilhar a álea pode, ainda, envolver o compartilhamento dos riscos sempre presentes no negócio jurídico, entre as partes. E, em matéria de contrato, essa partilha tanto pode envolver os riscos relativos ao contrato em si, seu objeto, ou sua execução, entre os contratantes, como os riscos decorrentes *da* relação contratual, incluindo os contratantes, mas podendo ir além da esfera jurídico-econômica destes, e ainda, os riscos relacionados a eventos externos ao contrato, mas sobre ele influentes.

O exame da partilha da álea que interessa se dá no plano do direito obrigacional, mais especificamente do negócio jurídico, ainda mais especificadamente, em matéria de contrato, o contrato de resseguro, envolvendo segurador e ressegurador. Nesse pequeno universo para o qual se volta a atenção, a *partilha da álea*, ou o *compartilhamento da*

---

[187] A acepção de *partilhar* que se coaduna com a linha teórica subjacente a este trabalho é o seu sentido figurativo. Primeiro, porque se toma em consideração a utilização do preceito da partilha da álea no contrato de resseguro, que remete ao compartilhamento. Segundo, porque compreender o ato de partilhar não é infenso à realidade das relações contratuais contemporâneas, na qual o contrato assume complexidade sem precedentes, fenômeno que se expressa, por exemplo, nos contratos coligados ou nos contratos relacionais, para os quais a cooperação, alicerçada na boa-fé objetiva, é fundamental. Sob tal referência, *compartilhar*, e não simplesmente *dividir* os riscos que se colocam em dada relação contratual, atende mais à cooperação que deve pautar as partes. A compreensão da partilha, pela expressão "comunidade", relativa à designação hispânica do princípio da partilha da álea (*comunidad de suerte*) também se dá no mesmo sentido ora defendido, como expressa autor colombiano, referência em matéria de resseguro, segundo o qual é "significado revelador de la locución 'comunidad', la cual – bajo la óptica filológica – denota una asociación de intereses". JARAMILLO, Carlos Ignacio. Configuración y alcances de La 'comunidad de suerte' en el contrato de reaseguro, *in Revista Ibero-LatinoAmericana de Seguros*, n. 10, Julio 1997, p. 91-134, esp. p. 112.

sorte,[188] assume expressão ímpar, podendo determinar o desfecho contratual, e com isso repercutindo positiva ou negativamente tanto na esfera jurídico-econômica do segurador, quanto na esfera jurídico-econômica do ressegurador. Assim, *aplicar*, ou não, e *como* aplicar o preceito da partilha da álea pode, metaforicamente, lançar à própria sorte qualquer uma dessas partes contratantes, em qualquer das hipóteses repercutindo sobre o mercado securitário.

1. Álea e risco

Um passo seguinte em busca da explicitação da ideia de partilha da álea é, para os fins de precisão conceitual, proceder a diferenciação entre risco e álea, signos inter-relacionados frente ao "ato de previsão do futuro, audaciosa empresa cometida ao contrato, [que] é tramado para atuar na Economia da incerteza".[189]

1.1. Álea e contrato aleatório

O risco, em um sentido genérico, está sempre presente em um negócio jurídico, e, portanto, em um contrato, tal como está cotidianamente presente em relação à existência humana,[190] não se constituindo

---

[188] Entre outras expressões equivalentes, tais como *"comunidad de álea, comunidad de destinos, identité de fortune, partage de sort, following the fortunes, fortuna de la compagnia assicuratrice, dem Schicksal der zedentin folgen etc."*, todas destacadas por JARAMILLO J., Carlos Ignacio. *Distorsión funcional del contrato de reaseguro tradicional*. Santa Fé de Bogotá: Fundación Cultural Javeriana (Javegraf), 1999, p. 76. A expressão *comunidad de intereses*, embora referida por Jaramillo como sinônimo de partilha da álea, assume caráter mais geral, segundo abordagem de ÂNGULO RODRÍGUEZ, Luis de. Consideraciones preliminares sobre el reaseguro, *in* ÂNGULO RODRÍGUEZ, Luis de; y otros. *Estudios sobre el contrato de reaseguro*. Madrid: Editorial Española de Seguros, 1997, p. 19-69, p. 42 e ss. Sustenta Croly, conforme análise de precedentes ingleses e americanos, que a expressão *following the settlements* se equipara a seguir a fortuna (ou *following the fortunes*). CROLY, Colin V.. Fallos ingleses referidos a las cláusulas "follow the settlements" ("seguir al asegurador en sus ajustes o acuerdos"), *in* BARBATO, Nicolás (coord.). *Derecho de seguros*: homenaje de AIDA al profesor doctor Juan Carlos Felix Morandi. Buenos Aires: Depalma Hammurabi, 2001, p. 458-467. Também PIZA, Paulo Luiz de Toledo. *Contrato de Resseguro*: tipologia, formação e Direito Internacional. São Paulo: Manuais Técnicos de Seguros: IBDS, 2002, p. 194. Entendendo que *comunidad de suerte* ou *following the fortunes* não designa o mesmo que *following the settlements*, SÁNCHEZ VILLABELLA, Jorge. *El contrato de reaseguro*: manual técnico jurídico. Madrid: Editorial Española de Seguros, 2002, p. 244.

[189] MARTINS-COSTA, Judith. Contratos. Conceito e evolução, *in* LOTUFO, Renan; NANNI, Giovanni Ettore. *Teoria geral dos contratos*. São Paulo: Atlas, 2011, p. 27.

[190] "Viver é um descuido prosseguido", já nos dizia Guimarães Rosa, através de seu convicto Riobaldo. ROSA, João Guimarães. *Grande sertão: veredas*. Rio de Janeiro: Nova Fronteira, 2006.

uma novidade o intuito de dominá-lo,[191] tratando-o sob tão diversificados aspectos que a sua compreensão está fatalmente dependente de um primeiro grande passo: a denominação para cada uma das suas compreensões possíveis. No campo jurídico, e mais precisamente, em matéria de direito contratual, isso não se faz diferente, e, apesar de *risco* se constituir expressão adequada para referir aquilo que *não* está sob inteiro controle e previsão, convém nominar certas acepções para algo tão amplo. Não se pretende dissecar nuances etimológicas entre risco e outras expressões similares,[192] mas estabelecer sob quais acepções e respectivas denominações o risco é considerado em vista dos fins ora perseguidos.

Em se tratando de questão afeita ao contrato de seguro, tipo ainda compreendido, por grande parte da doutrina brasileira, como contrato aleatório, parece natural que a primeira relação feita seja com a ideia de álea. E a considerar o objeto de exame, a *partilha da álea*, essa associação ganha mais significância.

Embora a álea possa admitir uma compreensão tão ampla quanto o risco, e tanto por isso já se disse que a álea comporta o sentido metafórico de risco, no âmbito do direito privado a álea costuma designar critério classificatório em matéria de contrato, para individuar os *contratos aleatórios*. Estes são tão sujeitos a um fator de aleatoriedade, por sua natureza ou pela vontade das partes, que não comportam uma relação de correspectividade de atribuição patrimonial, sendo o ganho ou o sacrifício, para uma ou ambas as partes contratantes, completamente dependente de evento futuro e incerto. Mas esta é uma apreensão igualmente elementar de contrato aleatório, a qual não aborda outros pontos essenciais, que, incidentalmente, auxiliam na tarefa de discernir álea e risco, quais sejam: a) incidência da álea na estrutura e na função do negócio e b) correspectividade das prestações.[193]

Dizer que a álea incide na função do negócio é compreender a álea como elemento da função econômico-social, é tratar da chamada *álea*

---

[191] Os esforços para tanto, que se ligam às ciências econômicas, são demonstradas por BERNSTEIN, Peter. *Desafio aos Deuses*: a fascinante história do risco. Tradução de Ivo Korytowski. Rio de Janeiro: Campus, 1997.

[192] Compartilha-se da opinião de que a discussão terminológica em si sobre o uso das palavras risco e álea tem pouca relevância, conforme NICOLÒ, Rosario. Alea, *in Enciclopedia del Diritto*, Vol. I Ab – Ale. Varese: Giuffrè, 1958, p. 1025. No mesmo sentido, GABRIELLI, Enrico. Il rischio contrattuale, *in* ALPA, Guido; BESSONE, Mario (dir.). *I contratti in generale*. Vol. I. Torino: UTET, 1991, p. 628.

[193] Nesse sentido, adverte Di Giandomenico ao examinar o contrato aleatório na jurisprudência italiana, a qual, embora não ofereça um conceito sistematizado, contribui com fragmentos conceituais à (re)construção dogmática do contrato aleatório enquanto categoria contratual, DI GIANDOMENICO, Giovanni. I contratti aleatori, *in* ALPA, Guido; BESSONE, Mario (dir.). *I contratti in generale*. Torino: UTET, 1991, p. 670 e ss.

negocial,[194] o "elemento funcional dirigido a um resultado ou interesse de lucro incerto almejado pelas partes". Nesse sentido, a álea constitui-se "função de risco", expressando "uma especificidade jurídica relevante em relação ao termo genérico risco", e, assim, os contratos aleatórios são, antes de mais, aqueles negócios com "função de risco".[195]

Constitui-se a álea negocial em um risco jurídico o qual, atuando na causa-função do negócio, se estende às prestações inerentes ao negócio, determinando sua quantificação ou mesmo sua existência. A álea negocial integra, assim, a estrutura do negócio aleatório, dando-lhe forma e conteúdo, ambos revelados pela relação com o incerto que penetra a causa.[196]

Embora a estrutura não desempenhe papel mais expressivo do que a função, sendo instrumental a esta, e, portanto, incapaz de distinguir a categoria dos contratos aleatórios, a álea negocial deve estar presente necessariamente na função e na estrutura. Isso porque os contratos aleatórios se distinguem por terem em causa um risco necessário, desejado pelas partes, em razão do qual as prestações, enquanto efeitos jurídicos na esfera jurídico-patrimonial das partes, são indeterminadas, pois não são correspectivas no *que* e no *quanto* ao tempo da conclusão do contrato.[197]

Como decorrência lógica de tal compreensão, a presença da álea negocial somente na estrutura ou somente na função não determina a inclusão do contrato na categoria aleatório. Dito de outra maneira, não basta objetivar somente o lucro incerto, pois sendo assim, estar-se-ia tratando de risco econômico, como também não basta somente estipular prestações indeterminadas, as quais por si, não revelam se o contrato é comutativo ou aleatório.[198]

---

[194] Ou da *alea in senso tecnico* sobre a qual discorre CAPALDO, Giuseppina. *Contratto aleatorio e alea*. Milano: Giuffrè, 2004, p. 229 e ss.

[195] As expressões entre aspas são tradução livre, parte integrante da ideia de DI GIANDOMENICO, Giovanni. I contratti aleatori, *in* ALPA, Guido; BESSONE, Mario (dir.). *I contratti in generale*. Torino: UTET, 1991, p. 678.

[196] "In effetti Il meccanismo strutturale del negozio è dato dalla relatio ad un evento o ad una situazione, meccanismo che penetra nella causa divenendo esse stesso elemento voluntaristico e finalistico poichè sai la relatio, seia gli effetti finali, strutturano la stessa volintà [...]", DI GIANDOMENICO, Giovanni. I contratti aleatori, *in* ALPA, Guido; BESSONE, Mario (dir.). *I contratti in generale*. Torino: UTET, 1991, p. 680. No mesmo sentido são as conclusões de CAPALDO, Giuseppina. Contratto aleatorio e alea. Milano: Giuffrè, 2004, p. 149 e ss.

[197] DI GIANDOMENICO, Giovanni. I contratti aleatori, *in* ALPA, Guido; BESSONE, Mario (dir.). *I contratti in generale*. Torino: UTET, 1991, p. 680.

[198] Leciona Di Giandomenico que "[...] per aversi negozio aleatorio, occorrono sai il dato strutturale che quello funzionale, bisogna dire che in quei casi in cui la prestazione è determinata da un avvenimento esterno, ma nei quali manca il fine di lucro incerto, siamo in oresensa di negozi com rischio econômico e non già di negozi aleatori". Ao tratar do que denomina álea normal,

A álea precisa ser protagonista, embora só concretamente este papel se revele. Sustenta Di Giandomenico, a propósito: a álea deve estar presente na função que expressa o tipo (ou função econômico--social, ou, ainda, causa abstrata, de acordo com o autor), mas também na *função econômico-individual*[199] (ou causa negocial como o autor também denomina), que expressa "o concreto entendimento que as partes perseguem no negócio específico". Essa função econômico-individual assume especial relevo frente aos contratos nos quais se verifica a chamada *álea convencional*, a qual se constitui em "um risco introduzido em um contrato típico, e por si comutativo, por vontade das partes".[200]

O exemplo emblemático é a compra e venda, paradigma dos contratos comutativos. Somente mediante a função econômico-individual, a álea convencional pode ser analisada, e daí concluir-se se é determinante da compreensão do contrato, e consequente tratamento jurídico, como aleatório. O exemplo trazido por Di Giandomenico é de uma compra e venda realizada sob risco em relação ao objeto do contrato, por incerteza do direito ao vendedor; esta será aleatória se a incerteza justificar o pagamento de um preço muito menor em relação ao corrente, a evidenciar que a álea convencional se constitui em elemento essencial: é incerto não só o resultado final, como uma das prestações.[201]

A álea deve ser, assim, enquadrada como função de risco na causa concreta, e a questão colocada em relação aos contratos aleatórios é a

---

esse argumento é reiterado, acrescido do argumento de que a indeterminação das prestações não tem o condão de identificar o contrato como aleatório, e a propósito menciona o exemplo de um contrato de assistência e manutenção de *hardware* ou *software*, cuja prestação é indeterminada *até* e *conforme* a realização efetiva do serviço de assistência e manutenção. DI GIANDOMENICO, Giovanni. I contratti aleatori, *in* ALPA, Guido; BESSONE, Mario (dir.). *I contratti in generale*. Torino: UTET, 1991, p. 688.

[199] Essa "função econômico-individual" referida por Di Giandomenico encontra correspondência na "causa concreta" tratada incidentalmente por Judith Martins-Costa. Novas reflexões sobre o princípio da função social dos contratos. *Estudos de Direito do Consumidor* - Coimbra, v. 7, 2005, p. 49-109.

[200] As expressões entre aspas são tradução livre do texto do autor, DI GIANDOMENICO, Giovanni. I contratti aleatori, *in* ALPA, Guido; BESSONE, Mario (dir.). *I contratti in generale*. Torino: UTET, 1991, p. 681.

[201] Di Giandomenico refere outro exemplo, a compra e venda *emptio spei*, clássica referência de contrato aleatório por convenção das partes. Imagine-se a negociação da colheita de um campo no qual a eventualidade de que nada seja colhido seja remota, para não dizer inexistente, revelando que se mantém a relação de troca entre preço e bem, embora a quantificação da prestação do comprador se verifique somente ao final. DI GIANDOMENICO, Giovanni. I contratti aleatori, *in* ALPA, Guido; BESSONE, Mario (dir.). *I contratti in generale*. Torino: UTET, 1991, p. 680-681. Na mesma linha de entendimento, debruçando-se especialmente sobre a álea convencional, Rosario Nicolò expressa que a álea deve ser necessária ao mecanismo e ao conteúdo intrínseco do contrato, condicionando a vantagem ou a perda dos contratantes, desempenhando papel de elemento necessário e ineliminável do sinalagma, condicionando-o *ab initio*, para caracterizar o contrato como aleatório. NICOLÒ, Rosario. Alea, *in Enciclopedia del Diritto*, Vol. I. Ab – Ale. Varese: Giuffrè, 1958, p. 1028 e ss.

investigação do quanto a álea penetra no negócio, tornando-se essencial. A essencialidade da álea é verificável não somente pela função abstrata identificadora do tipo, mas da compatibilidade e correspondência desta com a função econômico-individual buscada pelas partes, do que deve resultar a incerteza quanto ao resultado e às prestações.

Sob tal compreensão de contrato aleatório, somada às colocações relativas aos elementos essenciais do negócio securitário, bem assim sua causa-função (ou função econômico-social), pensar o contrato de seguro como aleatório se torna ainda mais inviável. A causa-função do seguro e a função econômico-individual das partes não se ligam à finalidade *lucro (ou resultado) incerto,* e o risco não é contemplado senão para ser mitigado ou eliminado. Além disso, não há prestações indeterminadas: ao tempo da conclusão do contrato, a prestação do segurado, o prêmio, é estipulada, tal como a contraprestação devida pelo segurador, a garantia, da qual a indenização decorre.[202] Tal conclusão é pertinente, outrossim, ao contrato de resseguro, o qual, como visto, em outro plano, e relativo a riscos diversos daqueles assumidos pelo segurador, não busca a incerteza, nem tem suas prestações indeterminadas.

Os contratos aleatórios são, assim, individuados pela *álea negocial,* quer ela se expresse pela natureza do negócio, quer pela vontade das partes, mas sempre intrínseca, como elemento necessário a ditar o sinalagma do negócio. No âmbito da álea negocial se integra a *álea conven-*

---

[202] Esta é a conclusão de Di Giandomenico em exame que procede especificamente quanto ao contrato de seguro, alinhando-se à Teoria da Empresa: "[...] l'assicurazione [...] non può ritenersi contratto aleatorio in nessun modo, né per la causa (la sua funzione è rivolta a neutralizzare e non ad introdurre il rischio), né per la stessa struttura poiché, a fronte di una prestazione certa (il premio) v'è un'altra prestazione altrettanto certa (la copertura assicurativa)". O autor situa a questão da contraprestação do segurador, que denomina de *cobertura securitária*, em termos de posição jurídica do segurador, reputando a sujeição ao evento incerto, em que pese instrumental à indenização, como economicamente principal, e fundadora da sinalagmaticidade e não aleatoriedade do contrato. Outrossim, afasta também o argumento da aleatoriedade do contrato de seguro examinando a inaplicabilidade dos institutos da lesão e da resolução por excessiva onerosidade superveniente. Ainda que se considere como aleatório, ao contrato de seguro se aplicam, no ordenamento jurídico italiano, regras específicas que afastam a aplicabilidade dos mencionados institutos. A regulamentação administrativa do seguro, aliada à inserção automática de cláusula, preceito contido no código civil italiano, art. 1339, segundo o qual se reputa incluída no contrato as disposições administrativas, permitem a solução de contrato de seguro no qual se verifique a lesão. Já no que diz respeito à resolução por onerosidade excessiva, Di Giandomenico ressalta a previsão em específico, em matéria de seguro, para tal hipótese: os artigos 1897 e 1898 do código civil, os quais abordam a diminuição e o agravamento do risco, embora reconhecendo que tais artigos não digam respeito à variação do valor do risco contratual, mas sim ao risco extracontratual e a influência que possam ter na realização do sinistro. Quanto ao contrato de seguro, este se encontra previamente estipulado em relação às prestações das partes, não admitindo variação seja em relação à cobertura securitária, que tem limite de indenização pré-estabelecido, seja em relação ao prêmio, que, igualmente, é fixo e previamente estabelecido. DI GIANDOMENICO, Giovanni. I contratti aleatori, *in* ALPA, Guido; BESSONE, Mario (dir.). *I contratti in generale.* Vol. I. Torino: UTET, 1991, p. 673 e ss.

cional, a qual atua junto à função caracterizando o esquema negocial do contrato aleatório por convenção das partes.

Mas a mesma álea convencional pode, outrossim, integrar-se à *álea normal*, e ser assumida como *álea normal estendida*. Esse é o entendimento de Nicolò, que situa a álea convencional no plano da *álea normal*, a qual, por sua vez, aproxima-se das situações usualmente tomadas por *risco contratual ou risco econômico*.[203] Já aqui um outro sentido para a álea, não mais relacionado com os contratos aleatórios, mas aos acontecimentos que, não objetivados pelas partes, embora possivelmente cogitados, sobrevêm ao contrato, sem, contudo, deles haver lucro ou resultado incerto, ou a determinação da existência ou da identidade das prestações.

1.2. Álea normal e risco contratual

O contrato sintetiza a apreensão do passado, ao regular ou explicitar situação fática já consolidada; a contemporização das circunstâncias presentes, viabilizando-as de imediato; e a projeção do futuro, ao sujeitar fatos, tanto quanto possível, mediante um plano sobre o que está por vir. Em qualquer das suas projeções em relação ao tempo, o contrato está sujeito a riscos que o afetam em menor ou maior grau, podendo torná-lo incapaz de alcançar seus fins. A busca da compreensão do fenômeno *risco* em matéria de contrato, e a sistematização de suas consequências justifica distinções e especificações tal como a que se coloca por ora.

A linha divisória entre álea normal e risco contratual é tênue, porque ambas as figuras se relacionam com eventos com repercussão sobre o contrato, e o "dado de parentesco" entre todos os sentidos de risco, no plano contratual, é sempre uma "consequência econômica de um evento incerto".[204] Contudo, há situações nas quais o risco, embora mantendo suas características essenciais (incerteza e imprevisibilidade) e por isso afetando (economicamente) o contrato, não pode ser tido

---

[203] NICOLÒ, Rosario. Alea, *in* Enciclopedia del Diritto, Vol. I Ab – Ale. Varese: Giuffrè, 1958, p. 1024-1031. A expressão e o conceito *risco contratual* são abordados por ALPA, Guido. Rischio, *in* Enciclopedia del Diritto, Vol. Xl Restituzione – Riunione. Varese: Giuffrè, 1989, p. 1144-1159. Risco contratual é também o conceito abordado por Enrico Gabrielli, que distingue risco contratual de álea normal, embora admitindo a sutil divisão conceitual dessas figuras. Il rischio contrattuale, *in* ALPA, Guido; BESSONE, Mario (dir.). *I contratti in generale*. Vol. I. Torino: UTET, 1991, p. 623-663. Já Di Giandomenico, aborda a *álea normal*, explicita e identifica seu sentido com o de risco econômico. DI GIANDOMENICO, Giovanni. I contratti aleatori, *in* ALPA, Guido; BESSONE, Mario (dir.). *I contratti in generale*. Vol. I. Torino: UTET, 1991, p. 665-688.

[204] As expressões entre aspas se constituem tradução livre das colocações do autor, ALPA, Guido. Rischio, *in* Enciclopedia del Diritto, Vol. Xl Restituzione – Riunione. Varese: Giuffrè, 1989, p. 1146.

como além de uma margem razoável de consideração pelas partes contratantes ao tempo da conclusão do contrato. Em razão desse determinado risco, estranho ao conteúdo e à função do contrato, sendo, assim, externo ao mecanismo contratual,[205] há uma "nota diferencial, no sentido econômico, entre os acontecimentos que incidem sobre o nexo de correspectividade entre as prestações".[206] Essa modificação econômica na correspectividade das prestações, embora não necessariamente esperada, pode ser compreendida como *normal* ou *razoável* em relação ao contrato, concretamente considerado: o risco constitui-se, assim, em *álea normal*.

A ideia de álea normal desenvolveu-se junto da inserção da figura da resolução por onerosidade excessiva na legislação civil italiana,[207] figura esta que se constitui em solução adotada também pela legislação civil brasileira.[208] Para tal teoria é imprescindível discernir entre o risco capaz de justificar sua aplicação e o risco inerente à variação percebida dentro de um padrão de normalidade, em relação ao tipo contratual em questão.

A teoria da onerosidade excessiva, e em certa medida todas as demais teorias desenvolvidas com o intento de relativizar o princípio da obrigatoriedade do contrato (*pacta sunt servanda*) e admitir sua revisão, pressupõe injusta a sujeição ao contratado diante de circunstâncias que tornam extremamente desvantajosas ou desfavoráveis as prestações.[209] Tal teoria se detém no aspecto do equilíbrio na correspectividade das prestações, ou, em se tratando de negócio unilateral, de manter a prestação devida por apenas uma das partes dentro de parâmetros que ainda viabilizem seu adimplemento; mas condiciona sua aplicação a "acontecimentos extraordinários e imprevisíveis" com reverberação sobre a esfera contratual, precisamente sobre as prestações, tornando-as

---

[205] NICOLÒ, Rosario. Alea, in *Enciclopedia del Diritto*, Vol. I Ab – Ale. Varese: Giuffrè, 1958, p. 1026.

[206] GABRIELLI, Enrico. Il rischio contrattuale, *in* ALPA, Guido; BESSONE, Mario (dir.). *I contratti in generale*. Vol. I. Torino: UTET, 1991, p. 631.

[207] GABRIELLI, Enrico. Il rischio contrattuale, *in* ALPA, Guido; BESSONE, Mario (dir.). *I contratti in generale*. Vol. I. Torino: UTET, 1991, p. 628-629. Também aponta este fato DAMIANI, Enrico. *Contratto di assicurazione e prestazione di sicurezza*. Milano: Giuffrè, 2008, p. 31.

[208] Artigos 478 a 480, Lei 10.406/2002, Código Civil.

[209] Abordou resumidamente tais teorias (teoria da pressuposição típica, teoria da condição implícita, teoria da base do negócio, teoria da imprevisão, teoria da onerosidade excessiva, teoria da impossibilidade) GOMES, Orlando. Introdução ao problema da revisão dos contratos, *in Transformações gerais do direito das obrigações*. 2ª ed. aumentada. São Paulo: Revista dos Tribunais, 1980, p. 95-113. Para uma abordagem mais detida a respeito da revisão dos contratos e as principais teorias que se relacionam com o tema, ver FRANTZ, Laura Coradini. *Revisão dos Contratos*: elementos para sua construção dogmática. São Paulo: Saraiva, 2007.

excessivamente onerosas. Fácil perceber a relação de tal teoria com um dos pontos nevrálgicos do contrato: a distribuição dos riscos.

Nem todo risco pode dar lugar à revisão das prestações ou à resolução do contrato, pois "todo contratante está exposto a riscos, considerados normais",[210] e precisamente nessa perspectiva se insere a álea normal, daí porque se pode compreendê-la como limite à resolução por onerosidade excessiva, ponto sobre o qual a doutrina italiana volta especial atenção.[211]

Individuar a álea normal em relação àquilo que, excedendo-a, implica a intervenção no contrato, não se constitui tarefa a ser feita em abstrato, porquanto a verificação do risco relacionado à onerosidade excessiva requer a consideração de variáveis do plano concreto, influentes e determinantes à verificação de tal espécie de risco contratual. Contudo, deve preceder tal exame em concreto a relação entre álea normal e o risco relativo à onerosidade excessiva, cabendo, de antemão, ressaltar a relação com o risco econômico.[212]

A álea normal à qual um contratante está sujeito se relaciona com a consequente variação do valor econômico da prestação, diferenciando-se em muito da álea negocial, aquela relacionada à existência ou à determinação da prestação, aliada à pretensão de lucro ou resultado incerto, e atine, portanto, aos contratos aleatórios. A álea normal aproxima-se em muito do risco afeto à onerosidade excessiva, pois em qualquer deles haverá repercussão econômica sobre as prestações, sem haver a integração à função econômico-social do negócio, e sem determinar as prestações. O risco inerente à onerosidade excessiva (também denominado de *superação da álea normal*, por Di Giandomenico) se expressa tanto pelo incremento da prestação, quanto pela redução da contraprestação correspondente, mas sempre uma frente a outra, gerando uma modificação do valor da prestação no tempo, entre a formação contratual e o momento do adimplemento. A nota diferenciadora reside no fato de a superação da álea normal exceder o padrão de

---

[210] GOMES, Orlando. Introdução ao problema da revisão dos contratos, *in Transformações gerais do direito das obrigações*. 2ª ed. aumentada. São Paulo: Revista dos Tribunais, 1980, p. 105.

[211] Sintetizam a compreensão da álea normal como limite à onerosidade excessiva, GABRIELLI, Enrico. Il rischio contrattuale, *in* ALPA, Guido; BESSONE, Mario (dir.). *I contratti in generale*. Vol. I. Torino: UTET, 1991, p. 630; e DI GIANDOMENICO, Giovanni. I contratti aleatori, *in* ALPA, Guido; BESSONE, Mario (dir.). *I contratti in generale*. Vol. I. Torino: UTET, 1991, p. 686. Não sendo ponto do presente trabalho o exame da álea em relação à teoria da onerosidade excessiva, a não ser tangencialmente, indica-se o seguinte trabalho que se detêm sobre a álea frente à onerosidade excessiva e também frente à impossibilidade superveniente: DELFINI, Francesco. *Autonomia privata e rischio contrattuale*. Roma: Giuffrè, 1999. Ver também GAMBINO, Eccessiva onerosità della prestazione e superamento dell'alea normale del contratto, *in Rivista del diritto commerciale e del diritto generale delle obbligazioni*, 1960, v. 58, I.

[212] Precisamente por implicarem consequências econômicas ao contrato.

normalidade, o qual, por sua vez, somente é aferível em concreto, pela consideração do tipo e sua função, e dos fatores que, conexos a este tipo, representam risco econômico *excessivo*, segundo um juízo *qualitativo, quantitativo e temporal*.[213]

Pode-se dizer que a diferença entre álea normal e sua superação diz respeito a uma aferição de grau em consideração à ocorrência de um risco, frente a determinado tipo. Assim, num contrato de empreitada,[214] para a construção de uma casa, quando em razão de condições climáticas os trabalhos são paralisados, sendo retomados posteriormente, já tendo havido a correção de valores de determinados materiais construtivos, e isso eleva a prestação devida por um dos contratantes. Trata-se da álea normal, pois é perfeitamente possível, e por isso em grande medida previsto, a ocorrência de tais circunstâncias em uma empreitada, sem que delas se possam extrair soluções mais drásticas em relação ao contrato, mediante a revisão das prestações ou sua resolução.

Por outro lado, se por acontecimentos igualmente fora do controle e da previsão das partes, se verificar a diminuição no preço, da mão de obra ou dos materiais, superior a 10% (dez por cento) do preço global convencionado;[215] ou se por "dificuldades imprevisíveis de execução, resultantes de causas geológicas e hídricas, ou outras semelhantes, de modo que torne a empreitada excessivamente onerosa",[216] a revisão em ambos os casos passa a se justificar. Qualquer contrato de empreitada é suscetível à ocorrência de tais circunstâncias, mas estas fogem ao padrão da normalidade, excedem a margem de risco com a qual as partes consentem ao tempo da conclusão do contrato, e por isso a lei tratou de precisar a superação da álea normal em relação à empreitada, e dispor claramente a solução de redimensionamento da prestação pertinente.

---

[213] Interessante destacar que, para Enrico Gabrielli, o exame em concreto é do limite entre álea normal e onerosidade excessiva, envolvendo, portanto, o exame de ambas. Já Di Giandomenico refere que somente a excessiva onerosidade da prestação demanda o exame concreto, porque a normalidade da álea, por se referir ao equilíbrio contratual, admite a verificação frente ao tipo abstratamente considerado. GABRIELLI, Enrico. Il rischio contrattuale, *in* ALPA, Guido; BESSONE, Mario (dir.). *I contratti in generale*. Vol. I. Torino: UTET, 1991, p. 631. DI GIANDOMENICO, Giovanni. I contratti aleatori, *in* ALPA, Guido; BESSONE, Mario (dir.). *I contratti in generale*. Vol. I. Torino: UTET, 1991, p. 686.

[214] O contrato de empreitada no ordenamento jurídico brasileiro está regulado pelo artigo 610 e seguintes, Lei 10.406/2002, Código Civil, cujas disposições são quase idênticas às contidas no Código Civil italiano. Por tal razão, escolheu-se este tipo entre os tipos utilizados como exemplo por Di Giandomenico e Nicolò, op. cit., embora a exemplificação aqui procedida não seja exatamente a mesma.

[215] Conforme estipula o art. 620, Lei 10.406/2002 Código Civil, e, no ordenamento italiano, art. 1664, § 1º, do Código Civil.

[216] É o que dispõe o inciso II do art. 625, Lei 10.406 Código Civil, bem assim, o § 2º do art. 1664, Código Civil italiano, no qual, ao invés de prever também a suspensão da obra, prevê tão somente uma justa compensação da diferença.

Embora possa haver previsão legal da superação da álea normal, tal como ocorre com o contrato de empreitada, faz-se imprescindível situar a questão concreta em termos quantitativo, qualitativo e temporal. Qualitativo pela confrontação do caso concreto frente ao tipo correspondente, examinando seu conteúdo e função para averiguar a margem de risco que as partes tinham ou deveriam ter ao tempo da formação do contrato.[217] Quantitativo, pela verificação da variação econômica da prestação, em relação à margem de risco esperada, e, portanto, considerando a prestação ao tempo da formação do contrato e ao tempo da ocorrência da circunstância que a modifica. Temporal, pois o exame qualitativo e quantitativo depende da perspectiva do contrato no tempo, desde a sua formação até a verificação dos acontecimentos com reflexo econômico sobre o contrato.

Pode ocorrer, no entanto, que a álea normal seja *ilimitada*, isto é, a margem de risco relativa ao tipo, e consentida pelas partes, implicar expressiva variação econômica das prestações, sem, no entanto, se estar diante de um contrato aleatório, ou ser a variação excessiva. Paradigmáticos da *álea normal ilimitada* são os contratos que instrumentalizam negócios junto à bolsa de valores, os quais "pela particularidade própria de alguns deles e pela do ambiente no qual são alocados, pode alcançar senão ao infinito sem que, por isso, os negócios mesmos se tornem aleatórios".[218]

As prestações de contratos dessa natureza podem ser onerosas, no sentido de serem muito expressivas economicamente, dentro de uma margem de risco bastante ampliada, mas ainda prevista pelas partes, cientes de que tal circunstância *faz parte do jogo*. E é justamente em razão do *jogo* que, aos contratos articulados frente a uma *álea normal ilimitada*, não se aplicam as disposições relativas à onerosidade excessiva: a variação econômica das prestações, por mais expressiva que possa se

---

[217] "L'interprete, al cui giudizio è rimessa la valutazione e selezione dei rischi rilevanti, per apprezzare quale sai l'alea normale del contratto e accertare do conseguenza il suo superamento, data la natura voluntamente elástica dei concetti di eccessiva onerosità e di alea normale del contratto, dovrà tener conto del tipo e del sotto-tipo contrattuale, del contratto in concreto e del mutato equilíbrio del rapporto tra prestazione e controprestazione" GABRIELLI, Enrico. Il rischio contrattuale, *in* ALPA, Guido; BESSONE, Mario (dir.). *I contratti in generale*. Vol. I. Torino: UTET, 1991, p. 631. No mesmo sentido, com especial atenção à questão do tempo, NICOLÒ, Rosario. Alea, *in Enciclopedia del Diritto*, Vol. I. Ab – Ale. Varese: Giuffrè, 1958, p. 1026.

[218] O trecho entre aspas é tradução livre do texto do autor, DI GIANDOMENICO, Giovanni. I contratti aleatori, *in* ALPA, Guido; BESSONE, Mario (dir.). *I contratti in generale*. Vol. I. Torino: UTET, 1991, p. 687. Constituem-se em outro exemplo os contratos chamados derivativos financeiros, os quais são detidamente examinados, segundo a compreensão de que se incluem, em regra, na categoria dos contratos comutativos, por NASSETTI, Francesco Caputo. *I contratti derivati finanziari*. Milano: Giuffrè, 2007.

revelar, não se constitui em acontecimento extraordinário e imprevisível.[219]

Distingue-se claramente a álea normal ilimitada do risco subjacente à onerosidade excessiva, tal como a álea normal, distinção, no entanto, em linha de princípio aferível no plano abstrato, tomando-se em consideração o tipo. Mas em sendo o contrato atípico, admitindo-se a atipicidade em graus, a verificação se dará no plano concreto, sobretudo pela relevância da identificação da função econômico-social e dos usos para fins de integração e interpretação.[220]

Como já mencionado, integra-se à *álea normal* a *álea convencional*, recebendo a denominação de *álea normal estendida*, pela qual uma das partes decide ampliar a margem de risco ao qual está sujeita em determinado negócio empreendido, mediante a assunção das consequências de um risco.[221] Diferencia-se a *álea normal estendida* da *álea normal ilimitada* porque nesta a tão só eleição de determinado negócio significa a ampliação da álea, e esta pode se dar para ambas as partes, ou para uma delas independente da assunção de um risco.

O contrato de empreitada mais uma vez pode fornecer bom exemplo para explicar a *álea normal estendida*. Em razão da convenção das partes, o limite da superação da álea previsto em lei, pertinente à verificação da diminuição no preço, da mão de obra ou dos materiais, superior a 10% (dez por cento) do preço global convencionado, autorizadores da readequação das prestações, pode ser estendido. Isto é, as partes podem estipular que somente haverá motivo para revisão se a diminuição do preço for superior a 15% (quinze por cento), ampliando

---

[219] NASSETTI, Francesco Caputo. *I contratti derivati finanziari*. Milano: Giuffrè, 2007, p. 78-79. Também DI GIANDOMENICO, Giovanni. I contratti aleatori, *in* ALPA, Guido; BESSONE, Mario (dir.). *I contratti in generale*. Vol. I. Torino: UTET, 1991, p. 665-688, especificamente nas páginas 687-688. O ordenamento jurídico italiano, ao tratar o tema da onerosidade excessiva, expressamente prevê, no § 2º, art. 1467, Código Civil, que "La risoluzione non può essere domandata se la sopravvenuta onerosità rientra nell'alea normale del contratto".

[220] A atipicidade em graus diz respeito à classificação dos contratos atípicos: se mistos; combinados; duplo-tipo ou com prestações subordinadas a outra espécie contratual. A abordagem do tema da tipicidade e da atipicidade, incluindo a classificação referida, seguida da conclusão de que atipicidade e concretude são conexas, e que os usos e a causa-função são essenciais ao tratamento dos contratos atípicos é de COMIRAN, Giovana Cunha. *Atipicidade contratual*: entre a autonomia privada e o tipo. Dissertação de Mestrado, Universidade Federal do Rio Grande do Sul. Faculdade de Direito. Programa de Pós-Graduação em Direito, Porto Alegre, 2007.

[221] "L'alea convenzionale si può manifestare anzitutto nell'assunzione della parte di un sogetto del rapporto contrattuale di un rischio particolare, conesso alla possibilita del verificarsi di un evento futuro, e che attiene a una modalità di esecuzione della sua prestazione o in genere a un elemento della situazione contrattuale, quando, invece, senza il patto di assunzione, il verificarsi di un tale evento potrebbe produrre conseguenza giuridiche predisposte a protezione del sogetto, che há eseguito o deve eseguire la prestazione rivelatasi o divenuta più onerosa per il verificarsi dell'evento medesimo", NICOLÒ, Rosario. Alea, *in Enciclopedia del Diritto*, Vol. I. Ab – Ale. Varese: Giuffrè, 1958, p. 1027.

convencionalmente a margem de risco com consequências econômicas sobre a prestação de uma das partes, e desenhando outro limite à *superação da álea* a qual, no caso concreto, será normal. Ou, na hipótese de compra e venda, a aquisição de um veículo há muito tempo sem uso, contrato no qual o comprador assume o risco de eventuais danos ao motor pelo decurso do tempo.

Nos casos exemplificados, o fato de as partes terem convencionado a respeito da *álea normal* relativa a dado contrato não afeta funcionalmente o negócio em questão. É dizer, a disposição procedida pelas partes – assunção de um risco por parte de uma delas – não implica lucro ou resultado incerto, nem determina as prestações, em sua existência e identidade, não resultando, assim, em um contrato aleatório.

O risco compreendido pelo dado de familiaridade entre suas espécies, isto é, pela *consequência econômica de um evento incerto*, admite duas outras especificações com pretensão sistematizadora. A primeira, denominada de *risco do inadimplemento*, relacionada ao inadimplemento de uma das prestações por fato voluntário ou culposo do devedor, por intervenção de terceiro, por fato do príncipe, ou por caso fortuito. A segunda, denominada *risco de diminuição da satisfação econômica do negócio*, se relaciona com a pré-existência ou a superveniência de eventos previstos e previsíveis, ou não previstos e não previsíveis, dos quais não decorre inadimplemento em sentido técnico, mas transtorno da economia originária do negócio. Embora tais espécies de risco sejam perceptíveis no plano abstrato, porque conceitualmente distintas, o *risco do inadimplemento* e o *risco de diminuição da satisfação econômica do negócio* são de difícil distinção no plano concreto, pois estão "entrelaçados na realidade dos fatos, e nas dinâmicas do contrato e do processo".[222]

Buscando individualizá-las, Gabrielli identifica o *risco do inadimplemento* com o problema de identificação das hipóteses de responsabilidade pelo inadimplemento, das quais decorre o dever de ressarcir os danos experimentados pela contraparte. Esta questão se resume na repartição do risco entre os contratantes, em razão de eventos ocorridos desde o momento da conclusão do contrato até sua execução. Ou, na esteira de Roppo, havendo perdas econômicas, estabelecer se tais perdas devem ser suportadas pela parte que as sofreu, ou imputadas a outra parte, sobre a qual recairá, então, a obrigação de ressarcimen-

---

[222] Conforme ALPA, Guido. *Rischio*, in *Enciclopedia del Diritto*, Vol. XI Restituzione – Riunione. Varese: Giuffrè, 1989, p. 1146. Segue tal compreensão, embora detendo-se sobre o conceito de risco contratual, GABRIELLI, Enrico. Il rischio contrattuale, *in* ALPA, Guido; BESSONE, Mario (dir.). *I contratti in generale*. Vol. I. Torino: UTET, 1991, p. 635 e ss.

to.²²³ Já o *risco de diminuição de satisfação econômica do negócio* situa-se no problema de avaliação quanto à repartição do risco, expressada na "alternativa entre ver cancelado e ver conservado o negócio, isto é, entre perder e manter o direito à contraprestação".²²⁴

A *álea normal* se insere no conceito abrangente do risco pelo vínculo parental *consequência econômica de um evento incerto*. Dado o fato da reflexão da álea estar intimamente relacionada a uma questão de distribuição de riscos – o desenvolvimento da *álea normal* se liga às ideias pertinentes à teoria da onerosidade excessiva – é admissível que a *álea normal* se constitua em risco contratual, restrita, no entanto, ao aspecto da distribuição de riscos interna ao contrato particularmente considerado.²²⁵ Também a *álea normal* tocando as especificações atinentes à consequência econômica de um evento incerto, quais sejam: o risco do inadimplemento e o risco de diminuição da satisfação econômica do negócio. Há uma diferença entre *álea normal* e *risco contratual* explicável por um critério de amplitude, mantendo-se, no entanto, a noção conceitual da *álea normal* imersa no conceito de *risco contratual*.²²⁶

Há outro dado de familiaridade entre as espécies de risco, apreensível pela experiência e expressado pela *relação de contraposição entre risco e segurança*. A sujeição ao risco é uma constante na vida humana, nos dias de hoje diretamente relacionada com os inúmeros instrumentos desenvolvidos para criar segurança, a forma humana de [tentar] controlar a contingência, da qual o contrato é um exemplo. O ponto é que essa equação é de difícil ou impossível solução, pois o risco é uma *constante* formada por inúmeras *variáveis*, desafiando até mesmo a elaboração de um conceito preciso ou unívoco; viabilizar uma resposta de

---

²²³ Especificamente este entendimento de Roppo é destacado por GABRIELLI, Enrico. Il rischio contrattuale, *in* ALPA, Guido; BESSONE, Mario (dir.). *I contratti in generale*. Vol. I. Torino: UTET, 1991, p. 635. Roppo trata da questão ao abordar a responsabilidade por não cumprimento do contrato, inserido no campo da execução do contrato, ao lado resolução contratual, sem discernir sobre espécies de risco. ROPPO, Enzo. *O Contrato*. Tradução de Ana Coimbra e M. Januário C. Gomes, Coimbra: Almedina, 2009, p. 272.

²²⁴ A expressão entre aspas é tradução livre do texto do autor, GABRIELLI, op. cit., p. 635.

²²⁵ Nesse sentido, disserta GABRIELLI, Enrico. *Alea e rischio nel contratto*. Napoli: Edizioni Scientifiche Italiane, 1997, esp. p. 119-124.

²²⁶ A álea costuma ser identificada pela equação vantagem *versus* perda, caracterizando-se pela bilateralidade dos efeitos frente aos contratantes, enquanto o risco explica-se através da responsabilidade pela assunção de um dano, restrita à possibilidade de perda e caracterizado pela unilateralidade dos efeitos dessa perda, a recair sobre um dos contratantes. Contudo, Gabrielli destaca que mais recentemente, a álea passou a ser relacionada com a alta probabilidade de não alcance da prestação, daí restringindo-se aos contratos aleatórios, ao passo que "il rischio è concetto più ampio, che indica qualsiasi evienenza futura, prevista o non prevista dalle parti, prevedibile, o imprevedibile, che altera l'economia dell'affare, di solito há connotati negativi, temperandosi nella incertezza delle circostanze future". A propósito, Gabrielli destaca a conclusão de Nicolò sobre a diferença entre álea e risco como «sutileza de escassa relevância» GABRIELLI, op. cit., p. 628.

segurança a isso se torna uma tarefa árdua.[227] Acredita-se ser este o motivo pelo qual o risco é apreendido conforme o campo do conhecimento humano em que se aloca, admitindo tantas especificações quanto possíveis para explicá-lo e explicar e regular suas consequências, embora a regulação intencione, na realidade, a mitigação ou mesmo a eliminação do risco.

No campo sobre o qual tem se voltado a atenção, a contraposição entre risco e segurança revela a redução do risco em contrapartida ao aumento da segurança, ou o aumento do risco em contrapartida à redução de segurança como possibilidades relacionadas a um fator econômico, porque a segurança tem um preço proporcional ao resultado que o risco pode gerar ao interesse resguardado pelo contrato. E essa é uma das razões pela qual faz sentido falar em risco econômico. Não se trata apenas de pensar na consequência econômica do risco, mas do custo econômico relacionado ao risco. O contrato de seguro é paradigmático dessa relação, porquanto o custo da segurança, representado pelo prêmio, é proporcionalmente estabelecido frente aos riscos supervenientes a dado interesse. Ainda que as partes contratantes mitiguem ou eliminem o risco ao qual estão sujeitas, articular-se-ão frente a um risco de repercussão econômica, sempre presente no instrumento que, vocacionalmente, é a *veste jurídico-formal de operações econômicas*.[228] E é deveras difícil pensar em qualquer consequência ligada a um risco que, em relação ao contrato, não encontre uma expressão apreensível economicamente. Falar em *risco contratual* é, nesse sentido, falar em *risco econômico*.

Esta equação – risco *versus* segurança – está presente em qualquer contrato, e se integra à *economia do negócio*, a qual se constitui em mecanismos internos ao contrato relacionados à prévia distribuição do risco.[229] Se o contrato por si é um risco, natural que, nos limites do previsível pelas partes, a distribuição do risco se faça também em consideração ao custo econômico desses mecanismos. A distribuição do risco insere-se na razão de a segurança desejada, ainda que mediante uma

---

[227] Essa é, a propósito, a constatação inicial, alçada à condição de pressuposto, de que parte Veronique Nicolàs ao se dispor a dar os contornos universais do risco em matéria de seguro, NICOLÁS, Veronique. Contribución al estúdio del riesgo en el contrato de seguro [tradução de Hilda Esperanza Zornoza], *in Revista Ibero-latinoamericana de Seguros*, n. 14, abril 2000, p. 33-53, artigo que sintetiza parte da tese da autora [Essai d'une nouvelle analyse du contrat d'assurance. Paris: LGDJ, 1996].

[228] ROPPO, Enzo. *O Contrato*. Tradução de Ana Coimbra e M. Januário C. Gomes, Coimbra: Almedina, 2009, p. 9 e 11.

[229] A definição de economia do negócio está em GABRIELLI, Enrico. Il rischio contrattuale, *in* ALPA, Guido; BESSONE, Mario (dir.). *I contratti in generale*. Vol. I. Torino: UTET, 1991, p. 636.

prévia estipulação de que consequências importam a qual contratante, ter um custo econômico.

A identificação do risco contratual com o risco econômico não significa a compreensão e a distribuição do risco segundo critérios exclusivamente econômicos, porque, embora o risco demande um custo aferível economicamente ou gere consequências econômicas ao contrato, no plano jurídico está sua solução, segundo critérios com expressão jurídica, como a justiça comutativa inerente às relações entre privados.[230] Nesse sentido se coloca o argumento demonstrativo de Alpa ao discernir sobre as valorações econômicas e as jurídicas acerca do risco: o sujeito que assume o risco segundo critérios econômicos não necessariamente é o mesmo sobre o qual recairá o risco segundo critérios jurídicos. A partir desse ponto Alpa vai além da conceituação e sistematização do risco, no plano contratual, para identificar as valorações metajurídicas relacionadas com as decisões acerca da distribuição do risco, e articular critérios de orientação neste tema, concluindo ao fim que, executada tal tarefa junto da precisão conceitual do risco, "o risco de ser exposto a uma decisão anômala resultaria assim mais controlado".[231]

Feitas tais considerações acerca da álea normal e do risco contratual, impõe-se examinar em que medida elas se aplicam ao risco objeto do negócio securitário, se é que se pode compreender este como relacionado aos conceitos examinados.

1.3. Risco do negócio securitário

As definições de risco do negócio securitário procedidas pela doutrina nacional e estrangeira gravitam em torno de ideias comuns, embora nem todas se conjuguem concomitantemente na elaboração do conceito procedido por cada autor e os autores não compartilhem de uma mesma compreensão teórica acerca do seguro: o risco é elemento essencial, constituindo-se em objeto do contrato, junto do interesse; se relaciona com um evento incerto, ainda que a incerteza diga respeito somente a "quando" o evento ocorre; deve ser predeterminado; deve

---

[230] Admitir o contrário significaria alinhar-se à justificação utilitarista que ampara a análise econômica do direito, da qual se discorda.

[231] As valorações metajurídicas exploradas por Alpa na distribuição do risco não são analisadas ou objetivadas neste trabalho, cuja pretensão em relação ao risco é mais modesta: o *approach* em relação ao tema amplo risco serve exclusivamente ao fim de bem situar a questão da partilha da álea, por meio de exclusão frente aos principais conceitos relacionados. A expressão entre aspas é tradução livre do texto do autor, ALPA, Guido. Rischio, in *Enciclopedia del Diritto*, Vol. XI. Restituzione – Riunione. Varese: Giuffrè, 1989, p. 1158.

se dar independente da vontade do segurado, por ele não podendo ser, obviamente, agravado; sua ocorrência não necessariamente está ligada a um dano, mas a sua concretização se constitui em um sinistro, que repercute sobre interesse do segurado, cujas consequências são, até certo limite, suportadas pelo segurador.[232]

O aprimoramento de tal definição requer o destacamento de dois pontos. Primeiro, a ocorrência do evento não necessariamente será futura, podendo ser presente e atual, ou mesmo pretérita. Sob tal perspectiva, haverá lugar para o risco putativo[233] e para cláusulas que contemplem "prejuízos que ocorram antes da conclusão do contrato, quando aqueles não fossem conhecidos do segurado".[234] Segundo, o

---

[232] TZIRULNIK, Ernesto. CAVALCANTI, Flávio de Queiroz B. PIMENTEL, Ayrton. *O Contrato de Seguro de acordo com o Novo Código Civil Brasileiro*. 2ª ed. São Paulo: RT, 2003, p. 36-38; PASQUALOTTO, Adalberto. *Contratos nominados III*: seguro, constituição de renda, jogo e aposta, fiança, transação e compromisso. (Biblioteca de direito civil. Estudos em homenagem ao Professor Miguel Reale; v. 9. Coordenação Miguel Reale e Judith Martins-Costa). São Paulo: Editora Revista dos Tribunais, 2008, p. 64-66; FRANCO, Vera Helena de Mello. *Lições de direito securitário*: seguros terrestres privados. São Paulo: Maltese, 1993, p. 43 e ss.; MOITINHO DE ALMEIDA, José Carlos. *O contrato de seguro no direito português e comparado*. Lisboa: Sá da Costa, 1971, p. 24 e 82; VASQUES, José. *Contrato de seguro*: notas para uma teoria geral. Coimbra: Coimbra, 1999; p. 127; STIGLITZ, Rúben. *Derecho de Seguros*, Tomo I. Buenos Aires: Abeledo-perrot, 1997, p. 167 e ss.; GARRIGUES, Joaquín. *Contrato de seguro terrestre*. Madrid: Aguirre, 1982, p. 12-13; SCALFI, Gianguido. *I contratti di assicurazione*. *L'assicurazione danni*. Torino: UTET, 1991, p. 50-51; SCARPA, Antonio. *Il rischio nel contratto di assicurazione*, *in* SCARPA, A. (a cura di). *L'assicurazione*: parti, contratto, danno e processo. Torino: Giappichelli editore, 2001, p. 41 e ss.; HALPERIN, Isaac. *Lecciones de seguros*. Buenos Aires: DEPALMA, 1997, p. 3-4.

[233] O risco putativo consiste em uma ficção jurídica que se justifica em razão do não conhecimento efetivo acerca do estado do bem objeto do interesse, frente ao qual se computa um risco hipotético. Esse risco imaginário foi criado para responder às demandas do seguro marítimo, em razão da dificuldade de comunicação sobre as viagens procedidas pelas embarcações e a situação destas, e posteriormente praticado nos seguros de tranporte. Ainda que se admita o risco putativo – tal como Moitinho de Almeida admite com reservas – deve se restringir aos seguros de transportes, pois admiti-lo além deste ramo "será favorecer a fraude, ou o jogo, o que se impõe [...] afastar da prática seguradora." MOITINHO DE ALMEIDA, José Carlos. *O contrato de seguro no direito português e comparado*. Lisboa: Sá da Costa, 1971, p. 83. Sua admissão no ordenamento brasileiro é discutível. Com base na compreensão do art. 773 do Código Civil, é admitido *em tese* por Pedro Alvim, mas, dado o atual estágio de desenvolvimento tecnológico, no qual a comunicação é praticamente imediata, não mais se justifica. Apesar de o art. 773 se alocar em meio às disposições gerais do contrato de seguro, e por isso aplicável ao seguro de pessoa, tanto menos se justificaria frente a estes, dada sua natureza. ALVIM, Pedro. *O seguro e o novo Código Civil* [organização e compilação de Elizabeth Alvim Bonfioli]. Rio de Janeiro: Forense, 2007, p. 75-78. Por outro lado, sua admissão se consubstanciaria também pelo expresso no art. 757, Código Civil, que prevê "riscos predeterminados" ao invés de "riscos futuros previstos no contrato", conforme TZIRULNIK, Ernesto. CAVALCANTI, Flávio de Queiroz B. PIMENTEL, Ayrton. *O Contrato de Seguro de acordo com o Novo Código Civil Brasileiro*. 2ª ed. São Paulo: RT, 2003, p. 37-38.

[234] São as chamadas cláusulas de boas ou más notícias (*lost or not lost*), distintas da hipótese de risco putativo: "O seguro de boas ou más notícias tem em comum com o risco putativo a possível inexistência ou incerteza do risco, mas apenas neste último [risco putativo] existe uma representação mental dos contratantes sobre a possibilidade de o objeto seguro já não existir ou já ter chegado ao seu destino, aceitando essa possibilidade e, verificando-se um sinistro, criando a ficção de que ocorreu na vigência da apólice.". VASQUES, José. *Contrato de seguro*: notas para uma teoria geral. Coimbra: Coimbra, 1999, p. 130.

risco não se relaciona com a incerteza individual, pois o risco é "um dado social objetivo",[235] e, portanto, deve estar relacionado com uma incerteza objetiva, "consubstanciada na possibilidade de um acontecimento real",[236] imersa na tecnologia do risco oportunamente abordada.

O risco do negócio securitário precisa, outrossim, ser *segurável técnica e juridicamente*, e a formulação de critérios a respeito admite variação na doutrina, e costuma retomar uma das descrições atinentes a sua definição. Em uma perspectiva singela, mas relevante, o risco, para ser segurável, requer: (i) possibilidade de ocorrência de um evento; (ii) incerteza da ocorrência de tal evento; por consequência da incerteza, (iii) involuntariedade quanto à ocorrência; e (iv) licitude, porquanto o risco deve se relacionar a interesse lícito.[237]

Pode-se destacar uma formulação abrangente de tais critérios, compreendendo os seguintes fatores: a) aleatoriedade, a ser verificada pelo "coeficiente de correlação baseada em estatísticas"; b) perda máxima possível, a qual "exprime o valor atingível pelos danos resultantes da materialização de um determinado risco e que a seguradora está disposta a aceitar"; c) custo médio dos sinistros resultantes de sua realização, associado à frequência de sinistros, pois "da sua conjugação resulta ser geralmente mais assegurável um risco quando menor for o custo médio e maior a frequência de sinistros" (excetuando-se nos casos de: *primeiro*, mais procura por cobertura relativa a riscos com baixo custo médio/elevada frequência, do que por cobertura relativa a riscos de baixa frequência/elevado custo médio; *segundo*, menor procura para coberturas relativas a riscos de baixa probabilidade, embora tal cobertura se justifique tecnicamente; d) intervalo médio entre sinistros, ou a frequência propriamente dita; e) prêmio do seguro, este compreendido como "o prémio de risco puro é igual à perda anual prevista que é calculada a partir do custo médio e da frequência de sinistros"; f) risco moral, o qual "traduz a possibilidade de o risco ser afectado pela acção de uma das partes, quer do ponto de vista de prevenção (ou da sua ausência), quer do da contribuição activa para a sua realização"; g) orientação política, isto é, "conjunto de princípios em que se baseia a actividade seguradora num determinado país"; h) limites da cobertura, relacionados com a

---

[235] TZIRULNIK, Ernesto. CAVALCANTI, Flávio de Queiroz B. PIMENTEL, Ayrton. *O Contrato de Seguro de acordo com o Novo Código Civil Brasileiro*. 2ª ed. São Paulo: RT, 2003, p. 37.

[236] ALVIM, Pedro. *O seguro e o novo Código Civil* [organização e compilação de Elizabeth Alvim Bonfioli]. Rio de Janeiro: Forense, 2007, p. 76.

[237] FRANCO, Vera Helena de Mello. *Lições de direito securitário*: seguros terrestres privados. São Paulo: Maltese, 1993, p. 44-46.

perda máxima possível, de maneira que o risco segurável é o risco compreendido dentro desses limites; e i) legalidade.[238]

Confrontando-se a noção conceitual daí resultante com a de risco contratual passa-se a questionar se aqueles dados de parentesco – *consequência econômica de um evento incerto* e *contraposição entre risco e segurança* – estão também presentes no risco do negócio securitário e em que medida. Para tanto, é preciso perquirir sobre a qualificação do risco do negócio securitário: ele é interno ou externo ao contrato? Constitui-se em um risco contratual?

A externalidade do risco considerado pelo negócio securitário é a regra, uma vez que o seguro não pode dar lugar a risco cuja concretização é desejada, não estando à mercê de qualquer das partes contratantes, ou a risco presente no bem sobre o qual recai o interesse, pois, do contrário, o negócio resultaria inviável técnica e juridicamente. Essa característica do risco do negócio securitário é mais evidenciada quando se trata da questão atinente ao vício intrínseco da coisa sobre a qual recai o interesse do segurado, vício cuja exclusão do contrato vem prevista pelo art. 784, Código Civil. O risco "vulnera a coisa de fora para dentro", ao passo que o vício intrínseco é a destruição da coisa "de dentro para fora".[239] Considerar a externalidade do risco do negócio securitário como regra, tal como é, pode levar à conclusão precipitada de constituir-se tal risco em um risco extracontratual.

O risco do negócio securitário não se constitui em *álea negocial*, pois, como já discorrido, ele não *funcionaliza* o negócio, nem dele é consequente a indeterminação de uma ou ambas as prestações. O negócio

---

[238] Essa formulação abrangente foi procedida com base em Baruch Berliner [*Limites de la aseguribilidad de riesgos*, Madrid, 1982] e Yves L. Maquet [*Des primes d'assurance au financement dês risques*, Bruxelas, 1991], por VASQUES, José. *Contrato de seguro*: notas para uma teoría geral. Coimbra: Coimbra, 1999, p. 128-129.

[239] Como ressalta Pedro Alvim, há situações práticas que se ligam ao vício intrínseco da coisa, e que são de difícil solução. Um dos exemplos trazidos pelo autor é o do automóvel segurado, o qual, por defeito próprio, vem a colidir com outro automóvel: "Teoricamente, estão cobertos os danos ocorridos, com exceção do defeito original; na prática é pouco provável que se possa identificá-lo, diante da dúvida se foi ou não agravado pelo choque". Há outras situações nas quais o vício intrínseco é consequência da concretização de riscos cobertos pelo contrato: "um carregamento de frutas transportadas se perdeu, porque foi depositado em local impróprio, durante um acidente de viagem. Embora a causa da perda tenha sido o vício próprio, o seguro dá cobertura, porque a causa imediata foi o acidente que retardou a entrega". ALVIM, Pedro. *O seguro e o novo Código Civil* [organização e compilação de Elizabeth Alvim Bonfioli]. Rio de Janeiro: Forense, 2007, p. 125-126. Salienta-se que, conforme a redação do mencionado art. 784, CC, remanesce à disposição das partes a inclusão do vício intrínseco como risco incluído na cobertura, o que se extrai da expressão "não declarado pelo segurado": "Não se inclui na garantia o sinistro provocado por vício intrínseco da coisa, não declarado pelo segurado" é o que prevê o artigo. Nesse sentido são as conclusões de TZIRULNIK, Ernesto. CAVALCANTI, Flávio de Queiroz B. PIMENTEL, Ayrton. *O Contrato de Seguro de acordo com o Novo Código Civil Brasileiro*. 2ª ed. São Paulo: RT, 2003, p. 121-123.

securitário não se organiza em razão do risco, mas frente ao risco, para mitigar as consequências de sua concretização [sinistro] ou mesmo erradicá-las.

O risco do negócio securitário, por outro lado, não se equipara à *álea normal*, porquanto esta diz respeito a uma distribuição de riscos interna ao contrato. Não que o negócio securitário não instrumentalize uma distribuição de riscos. Em verdade, sem ele, os riscos recairiam com exclusividade sobre o pretenso segurado, o qual teria seu interesse vulnerável frente a um evento incerto. O negócio securitário é um instrumento que, pela dispersão do risco na mutualidade, permite a outrem – o segurador – assumir o risco que o segurado suportaria sozinho, inegável constituir-se essa numa forma de distribuição de riscos. A *álea normal*, contudo, serve à distribuição entre os contratantes dos riscos com repercussão sobre as prestações, e por isso a ela se aplicam as especificações do dado consequência econômica de um evento incerto: risco do inadimplemento, e risco de diminuição da satisfação econômica do negócio. Ainda que o negócio securitário seja suscetível a riscos dessa natureza – e o próprio contrato comporte uma distribuição de riscos frente ao inadimplemento[240] ou à diminuição da satisfação econômica do negócio[241] –, ele se organiza frente a riscos predeterminados e externos, cujas prestações correspondentes (prêmio e garantia) foram estabelecidas frente a ele, e cuja *concretização* não perturba as prestações: o prêmio é devido na sua integralidade tal qual a garantia, convertida em indenização, mantendo-se o esquema de distribuição de risco inicialmente engendrado. Excluindo-se o risco do negócio securitário do campo da *álea normal*, prejudicada está sua identificação com a *superação da álea normal*, com a *álea normal ilimitada* e com a *álea normal estendida*.

O caminho trilhado até então percorre os principais pontos justificadores da compreensão do risco do negócio securitário como risco contratual. O risco do negócio securitário se constitui no evento incerto do qual decorre uma consequência econômica, ele se expressa como risco econômico no âmbito contratual também em razão da contraposição entre risco e segurança, e é frente a ele que o contrato se organiza, ele "cifra o interesse", constituindo junto deste o objeto do contrato.

---

[240] Exemplo disso é o que dispõe o art. 763, CC, pelo qual "Não terá direito a indenização o segurado que estiver em mora no pagamento do prêmio, se ocorrer o sinistro antes de sua purgação".

[241] O *risco da redução considerável* do risco objeto do negócio securitário, de que trata o art. 770, CC, é diferente do *risco objeto do negócio*, e sua concretização perturba a manutenção da satisfação econômica do negócio, daí porque se prevê a equação entre manter o negócio, pelo redimensionamento do prêmio, ou não manter o negócio, pela resolução.

2. Partilha da álea

Superada a abordagem da álea e do risco, para, ao fim, compreender-se o que está sob partilha no contrato de resseguro, espécie do negócio securitário, pode-se chegar ao escopo último deste estudo. Embora o princípio da partilha da álea seja especialmente relevante ao contrato de resseguro, seu tratamento pela literatura especializada, sobretudo brasileira, é escasso. As razões verificadas para explicar tal ocorrência variam desde uma compreensão superficial da figura contratual em tela,[242] passando pelo vazio legislativo a respeito do contrato de resseguro,[243] até o expressivo fenômeno comercial, de difícil demonstração, abordado na maioria dos casos tangencialmente: o poder econômico-comercial da resseguradora frente à seguradora.[244]

Esse poder da resseguradora é de difícil, senão impossível, demonstração de ocorrência devido especialmente ao fato de, em primeiro lugar, celeumas relativas ao compartilhamento de risco ficarem restritas às partes envolvidas e seus procuradores, havendo, evidentemente, o resguardo das negociações. Em segundo lugar, não sendo encontrada solução pelas partes, por disposição contratual, as questões são usualmente submetidas à arbitragem, mediante cláusula de compromisso arbitral com dever de sigilo, não sendo possível, pois, sequer o acesso ao resultado final. Não obstante, o poder exercido pela resseguradora frente à seguradora se expressa de várias maneiras, como, por exemplo, pela inserção de cláusula de controle da regulação do sinistro. Sabe-se que, como regra, a regulação de sinistro é dever da seguradora, embora possa haver a estreita cooperação da resseguradora. No entanto, na realidade empresarial, o resseguro obedece a um raciocínio prioritariamente econômico, e muito bem apreendido por André Orengel Dias: "quanto maior for o montante ressegurado, maior será o grau de controle exercido pelo ressegurador sobre a regulação do sinistro, a princípio, a cargo do segurador". Em que pesem outros fatores concorram para determinar a cooperação ou o controle sobre a regulação do sinistro, como a capacidade técnica e a experiência do segurador, ou o grau de confiança existente entre as partes, a questão atende

---

[242] A expressiva atenção dedicada à estrutura e à função do resseguro, bem como ao tema risco não são outra coisa senão a tentativa deliberada de evitar o cometimento de tal erro neste trabalho.

[243] Como se teve a oportunidade de destacar por ocasião da introdução, embora a tramitação legislativa quanto à partilha da álea, este é um dos centros do debate do PL 3.555/2004, e a questão parece longe de ser solucionada.

[244] DIAS, Andre Orengel. *Resseguro e desenvolvimento*: entre Estado e Mercado, Lei e Contrato. Dissertação de Mestrado junto ao Programa de Mestrado da Escola de Direito de São Paulo da Fundação Getúlio Vargas, 2011, p. 209 e ss.

especialmente ao "binômio exposição do ressegurador *versus expertise* da seguradora".

A não correção da seguradora, isto é, a violação ao *agir segundo a boa-fé* na relação ressecuritária, tem como principal sanção uma sanção comercial: desde exigências adicionais à renovação do resseguro até a sua não renovação, bem demonstrando a expressividade do poder da resseguradora. Essa sanção, por uma via comercial, penaliza e também coíbe com mais agilidade e eficiência as condutas violadoras da boa-fé perpetradas pela seguradora do que os meios judiciais poderiam fazê--lo, embora os resultados práticos possam ser mais prejudiciais à seguradora (repercutindo, conforme o caso, em maior ou menor grau no sistema securitário): sua imagem resta prejudicada no mercado, seja frente aos segurados, seja frente às demais resseguradoras, e, como consequência, seu desempenho técnico e comercial é completamente vulnerabilizado, justificando, inclusive, a pressão de credores entre outras consequências.[245]

Contudo, a partilha da álea tem duas faces, e a outra diz respeito ao agir da seguradora no plano técnico e comercial (exemplifica-se, respectivamente, pelo equívoco na apuração do prêmio bruto e pela inexperiência em determinado ramo), agir que, sendo equivocado, expõe a resseguradora, como também os segurados. Fragiliza-se, com isso, o sistema securitário como um todo, tal qual o excesso de poder econômico-comercial da resseguradora também fragiliza. Qualquer desenho conceitual e sistematizador da partilha da álea requer atenção, portanto, às perspectivas da seguradora e da resseguradora, e a busca de uma solução que contemple a ambas.

2.1. Boa-fé e conexão funcional

A noção conceitual da partilha da álea requer se destaquem dois fundamentos: (a) aquele que relaciona a compreensão conceitual da partilha da álea com a conexão funcional do resseguro em relação ao resseguro; e (b) aquele que explica a partilha da álea a partir da *uberrima bona fides* qualificadora do negócio securitário.[246] A abordagem de

---

[245] Discorre a respeito Capotosti, centralizando o exame da partilha da álea, ou da *identidade de fortuna*, como prefere denominar, a partir da boa-fé objetiva. O autor também destina item específico para abordar a relutância, no meio ressecuritário, para recorrer ao judiciário, apontando que a maioria dos problemas é solucionada com base nos usos contratuais da prática mercantil, com a composição de conflitos por meio da arbitragem. CAPOTOSTI, Renzo A. *La riassicurazione*: il contratto e l'impresa. Torino: UTET, 1991, p. 142 e 146-149.

[246] Alinham-se na primeira abordagem BROSETA PONT, Manuel. *El contrato de reaseguro*. Madrid: Aguilar, 1961; FERNÁNDEZ DIRUBE, Ariel. *Manual de reaseguros*. 2ª ed. Buenos Aires: Biblioteca

uma não exclui outra, conexão funcional e máxima boa-fé se complementam: assim como não é possível pensar o resseguro sem o seguro, para o qual está finalisticamente voltado, tanto menos é possível tratar de qualquer negócio securitário sem ter presente um dos preceitos que mais lhe marca, a *uberrima bona fides*.[247]

Uma observação singela, mas relevante, e comum ao seguro e ao resseguro, diz respeito ao fato de, em ambos, as relações se projetarem no tempo, marcando sua execução continuada, colocando em particular relevo a boa-fé objetiva.[248] Mas a expressividade alcançada pela boa-fé se deve a outros motivos mais: a dinâmica do negócio securitário demanda estreita relação de confiança entre as partes; e o resseguro, particularmente, é em larga medida ditado pelos usos da prática comercial. Nesse quadrante, a boa-fé é tomada como *uberrima bona fides*, e não é uma outra espécie de boa-fé, mas a expressão do especial rigor com o qual deve ser apreciado o agir [*de boa-fé* e *segundo a boa-fé*] do segurador-ressegurado.[249] É, assim, especialmente estimado que o segurador-ressegurado balize sua conduta em um *arquétipo de honestidade*,

---

General RE, 1993; GERATHEWOHL, Klaus. *Reinsurance*: principles and practice. Vol. I. Karlsruhe: Verlag, 1982; JARAMILLO, Carlos Ignacio. Configuración y alcances de La 'comunidad de suerte' en el contrato de reaseguro. *Revista Ibero-LatinoAmericana de Seguros*, n. 10, Julio 1997, p. 91-134, e, do mesmo autor, JARAMILLO, Carlos Ignacio. *Distorsión funcional del contrato de reaseguro tradicional*. Santa Fé de Bogotá: Fundación Cultural Javeriana, 1999; ROMERO MATUTE, Blanca. El contrato de reaseguro: algunos aspectos de su régimen jurídico (secunda parte), *in Revista Ibero-Latinoamericana*, n. 14, abril 2000, p. 135-207. Expressam o conceito da partilha da álea com especial acento à boa-fé objetiva: ÂNGULO RODRÍGUEZ, Luis de. Consideraciones preliminares sobre el reaseguro, *in* ÂNGULO RODRÍGUEZ, Luis de; y otros. *Estudios sobre el contrato de reaseguro*. Madrid: Editorial Española de Seguros, 1997, p. 19-69; e CAPOTOSTI, Renzo A. *La riassicurazione*: il contratto e l'impresa. Torino: UTET, 1991.

[247] A divisão de perspectiva conceitual ora procedida tem tão somente a pretensão de identificar sob qual aspecto a compreensão da partilha da álea é preponderantemente tratada pelos autores. Contudo, todos os autores, quer preponderantemente desenvolvam a noção conceitual da partilha da álea a partir da conexão funcional frente ao seguro, quer desenvolvam com base no seu atrelamento à boa-fé objetiva, tratam, com maior ou menor atenção da boa-fé quando abordam o tema da partilha da álea. Ressalta-se que a conciliação de tais perspectivas é realizada, com mais propriedade, por MARTINS-COSTA, Judith. O Contrato de Resseguro e o Princípio da Partilha da Álea, *in Revista Brasileira do Seguro e da Responsabilidade Civil*, v. 1, 2009, p. 157-179.

[248] Conforme CAPOTOSTI, Renzo A. *La riassicurazione*: il contratto e l'impresa. Torino: UTET, 1991, p. 140 e ss. No mesmo sentido, entendendo que *tempo* e *confiança* constituem elementos essenciais e interrelacionados do seguro (elementos do núcleo da relação securitária): o primeiro por caracterizar a relação jurídica securitária, que se projeta [no tempo] como uma relação obrigacional com prestações duradouras; o segundo por assumir especial relevo nas obrigações duradouras, MARTINS-COSTA, Judith. A boa-fé e o seguro no novo Código Civil brasileiro (virtualidades da boa-fé como regra e como cláusula geral), *in* IBDS (org.). *III Fórum de Direito do Seguro José Sollero Filho*. São Paulo: Manuais Técnicos de Seguro / IBDS, 2003, p. 58.

[249] Nesse sentido, CAPOTOSTI, Renzo A. *La riassicurazione*: il contratto e l'impresa. Torino: UTET, 1991, p. 141 e ss.

lealdade e probidade, e esse comportamento se verifique, concretamente, refletindo a operatividade da boa-fé.[250]

A observância da máxima boa-fé é presente no negócio securitário como um todo. No seguro, a prestação de quem deve a garantia [seguradora], e toda a informação relativa a tal prestação, é estabelecida com base nas declarações prestadas por quem deve o prêmio [segurado]. A relação entre as partes se inaugura com atos de recíproca confiança, aos quais outros tantos se encadeiam, sempre com parte substancial da conclusão ou da execução contratual dependendo ora de uma parte, ora de outra. O não agravamento do risco, por exemplo, é dever que recai com exclusividade sobre o segurado, ao passo que, de outro lado, concretizando-se o risco, a regulação do sinistro depende exclusivamente do segurador. É inegável, porém, que o cumprimento do dever de informação e esclarecimento, pelo segurador, é essencial para a compreensão efetiva, pelo segurado, da cobertura, qual sua extensão e quais suas excludentes, questões imprescindíveis para o segurado ter a exata ciência de qual comportamento implica em agravamento de risco. Assim como também é inegável que, ocorrendo o sinistro, a colaboração do segurado é indispensável à regulação, pois, para tanto, cabe ao segurado prestar todas as informações pertinentes e fornecer os documentos ou outros materiais de prova ao segurador. Dada tal dinâmica

---

[250] O tema boa-fé objetiva, como é de notório conhecimento, é objeto de estudo profundo e, ao mesmo tempo, amplo, como também materialmente irretocável por parte de Judith Martins-Costa, de maneira que qualquer colocação que aqui se faça não terá senão a intenção de retomar e aplicar essa *norma proteiforme* que opera como cânone-hermenêutico-integrativo, que cria deveres jurídicos e que limita o exercício de direito subjetivo e posição jurídica. Dá-se, assim, como pressuposto tudo quanto foi desenvolvido em matéria de boa-fé objetiva pela autora mencionada, especialmente nos seguintes trabalhos: A boa-fé no Direito Privado: sistema e tópica no processo obrigacional. São Paulo: Revista dos Tribunais, 1999; Método da concreção e a interpretação dos contratos: primeiras notas de uma leitura suscitada pelo Código Civil, *in* DELGADO, Mário Luiz e ALVES, Jones Figueiredo (Org.). *Questões Controvertidas no Direito das Obrigações e nos Contratos*. São Paulo: Método, 2005, p. 127-155; Os campos normativos da Boa-fé objetiva: as três perspectivas do Direito Privado Brasileiro, *in* AZEVEDO, Antonio Junqueira; TORRES, Heleno Taveira; CARBONE, Paolo (Org.). *Princípios do Novo Código Civil Brasileiro e outros temas*. Homenagem a Tulio Ascarelli. São Paulo: Quartier Latin, 2008, p. 388-421. Para uma abordagem mais voltada à aplicação prática da boa-fé, indica-se, da mesma autora: A incidência do Princípio da Boa-fé no período pré-negocial: reflexões em torno de uma notícia jornalística, *in* Revista de Direito do Consumidor – Edição especial: o controle da publicidade, 1992, p. 140-172; Mercado e solidariedade social entre cosmos e taxis: a boa-fé nas relações de consumo, *in* MARTINS-COSTA, Judith (org.). *A reconstrução do Direito Privado*: reflexos dos princípios, diretrizes e direitos fundamentais constitucionais no Direito Privado. São Paulo: Revista dos Tribunais, 2002, p. 611-661; Oferta pública para a aquisição de ações (OPA) – Teoria da Confiança – Deveres de proteção violados – A disciplina informativa e o mercado de capitais – responsabilidade pela confiança – Abuso de poder de controle (parecer), *in Revista de Direito Mercantil*, Industrial, Econômico e Financeiro, v. 140, ano XLIV (Nova Séria), out-dez 2005, p. 229-270; O fenômeno da supracontratualidade e o princípio do equilíbrio: inadimplemento de deveres de proteção (violação positiva do contrato) e deslealdade contratual em operação de descruzamento acionário (parecer), *in Revista trimestral de direito civil*, v. 26, abril-jun 2006, p. 213 a 249.

negocial, a qual demanda elevado grau de cooperação entre as partes, a expectativa de um comportamento intenso de boa-fé não só é consequência logicamente esperada, como é tutelada pelo ordenamento jurídico brasileiro. As disposições legais específicas ao seguro impõem a boa-fé como fonte dos deveres de lealdade, informação, veracidade e consideração com o *alter*, e as disposições gerais, relativas à boa-fé, se projetam sobre o contrato de seguro como critério de interpretação e de verificação do exercício disfuncional do direito por uma das partes.[251]

No plano do resseguro, a exigência de máxima boa-fé, para alguns autores, assume a mais destacada relevância.[252] Por mais que a resseguradora exerça seu poder econômico e comercial, e em decorrência disso possa, inclusive, ter o controle sobre a regulação do sinistro, parte significativa da execução do contrato de seguro com reverberação sobre o resseguro, é o segurador-ressegurado quem, através do exercício da empresa, determina *o conteúdo quantitativo da prestação do ressegurador*. Isto é, a prestação do segurador-ressegurado (prêmio) é apurada se-

---

[251] Como consta da disposição específica, art. 765, Código Civil vigente, "O segurado e o segurador são obrigados a guardar na conclusão e na execução do contrato a mais estrita boa-fé e veracidade, tanto a respeito do objeto como das circunstâncias e declarações a ele concernentes". Disposições similares estão presentes nos Projetos de Lei 3.555/2004 e 8.034/2010 que pretendem estabelecer as normais gerais dos contratos de seguro privado, com a consequente derrogação do Código Civil e do Código Comercial, em matéria de seguro, como preceitua, em suas disposições finais, o PL 8.034/2010. Em ambos os projetos, já nas disposições gerais, se encontra previsto que "As partes, os beneficiários e os intervenientes devem conduzir-se segundo os princípios de probidade e boa-fé, desde os atos pré-contratuais até a fase pós-contratual". A menção à incidência da boa-fé é retomada nas disposições pertinentes aos intervenientes no contrato ("Os intervenientes são obrigados a agir com lealdade e boa-fé, prestando informações completas e verídicas sobre todas as questões envolvendo a formação e execução do contrato") e vem presente também nas disposições relativas à interpretação contratual ("O contrato de seguro deve ser executado e interpretado segundo a boa fé"). A respeito da boa-fé em matéria de seguro, ver: MARTINS-COSTA, Judith. A boa-fé e o seguro no novo Código Civil brasileiro (virtualidades da boa-fé como regra e como cláusula geral), *in* IBDS (org.). *III Fórum de Direito do Seguro José Sollero Filho*. São Paulo: Manuais Técnicos de Seguro / IBDS, 2003, p. 57-101, trabalho no qual a autora faz breves, mas pertinentes considerações sobre a evolução da utilização da boa-fé no seguro e sistematiza a incidência da boa-fé objetiva em conformidade com o Código Civil vigente; MONTI, Alberto. Boa-fé e seguro: o novo Código Civil brasileiro e o Direito Comparado, *in* IBDS (org.). *III Fórum de Direito do Seguro José Sollero Filho*. São Paulo: Manuais Técnicos de Seguro / IBDS, 2003, p. 103- 153. Também de Alberto Monti, A boa-fé no Projeto de Lei nº 3.555/2004, *in* IBDS (org.). *IV Fórum de Direito do Seguro José Sollero Filho*. São Paulo: IBDS, 2006, p. 23-46, e a obra Buona fede e assicurazione. Milano: Dott A. Giuffrè, 2002, na qual aborda o tema com profundidade, e procede estudo comparatista, examinando a boa-fé no seguro junto aos ordenamentos jurídicos dos Estados Unidos da América, do Reino Unido, da Itália, da França, da Índia e da China. A respeito do tema, consultar, outrossim, CRISCUOLO, Mauro. Buona fede e contratto di assicurazione, *in* SCARPA, A. (a cura di). *L'assicurazione: parti, contratto, danno e processo*. Torino: Giappichelli editore, 2001, p. 65-100.

[252] VASQUES, José. *Contrato de seguro*: notas para uma teoría geral. Coimbra: Coimbra, 1999, p. 162 e ss. Carlos Ignacio J. Jaramillo, destaca, outrossim, que a boa-fé se faz presente (ou deve se fazer presente) na fase pré-contratual, como também contratual, nesta cindindo-se em fase pré-sinistro e fase pós-sinistro, constituindo-se a ocorrência do sinistro o divisor de águas para a articulação da boa-fé. *Distorción funcional del contrato de reaseguro tradicional*. Santa Fé de Bogotá: Fundación Cultural Javeriana (Javegraf), 1999, p. 57 e ss.

gundo o declarado pelo próprio ressegurado e não sofre influência do ressegurador; já a prestação do ressegurador depende dos comportamentos empresariais e da demanda do segurador-ressegurado, e daí a exigência da correção do agir, do agir segundo a boa-fé.[253]

O fato de as circunstâncias ligadas à conduta do segurador-ressegurado repercutirem com mais intensidade sobre a prestação do ressegurador, e com mais relevo na hipótese de tratado de resseguro, no qual é mitigado o dever de declarar o risco (já que os tratados visam a "eliminar a necessidade de fornecer detalhes de cada um dos riscos que se vão incorporando no tratado"[254]), não é o único a justificar a máxima boa-fé em matéria de resseguro. Por evidente, o comportamento técnico e empresarial do segurador-ressegurado é crucial à relação de confiança entre as partes, uma vez que é o segurador-ressegurado quem realiza a gestão dos negócios securitários assumidos (*selecionando riscos, aceitando ou rejeitando os pedidos de indenização frente a ocorrência do sinistro, realizando acordos, buscando a recuperação econômica*, pela cláusula de sub-rogação, etc.), por isso justificando em grande parte a exigência de observância da mais estrita boa-fé.[255]

O ressegurador está em posição de sujeição e dependência do comportamento do segurador-ressegurado, e pelo contrato se compromete a compartilhar da sorte do segurador, esta intrinsecamente relacionada com seu comportamento. Ao observar tal circunstância Capotosti sustenta que a partilha da álea (o compartilhamento da sorte, a identidade de fortuna, etc.) se explica não tanto pela repercussão dos eventos que afetam o patrimônio do segurador-ressegurado, mas pelo comportamento deste no desempenho de sua atividade, isto é, na gestão técnica e comercial do seguro (se assume riscos em condições não técnicas, tanto normativa quanto economicamente; se demora na regulação dos sinistros; se realiza pagamentos *ex gratia*; se dá causa a despesas relativas a lides judiciais temerárias ou protelatórias, etc.).[256] Sob tal compreensão Capotosti centra, assim, o conceito da partilha da álea na máxima boa-fé.

Associa-se, contudo, à circunstância de sujeição do ressegurador ao comportamento técnico e comercial do segurador-ressegurado, o

---

[253] CAPOTOSTI, Renzo A. *La riassicurazione*: il contratto e l'impresa. Torino: UTET, 1991, p. 141 e ss.

[254] Como destaca VASQUES, José. *Contrato de seguro*: notas para uma teoria geral. Coimbra: Coimbra, 1999, p. 162.

[255] JARAMILLO J., Carlos Ignacio. *Distorción funcional del contrato de reaseguro tradicional*. Santa Fé de Bogotá: Fundación Cultural Javeriana (JAVEGRAF), 1999, p. 60.

[256] CAPOTOSTI, Renzo A. *La riassicurazione*: il contratto e l'impresa. Torino: UTET, 1991, p. 141.

fato de, na relação ressecuritária, ambas as partes serem expertos.[257] É dizer, segurador-ressegurado e ressegurador dominam todas as questões implicadas pela gestão técnica e comercial do seguro, aumentando, por consequência, a carga de suas responsabilidades na gestão do negócio securitário, seja o seguro ou o resseguro, e na relação entabulada [resseguro]. E, considerando as especificações da função do resseguro, sobremaneira a de prestação de serviços, a exigência de máxima boa-fé tem sua incidência ampliada: evidencia-se o comportamento do ressegurador – exigindo-se também dele a mais estrita boa-fé – em face das especificações da função que o resseguro é chamado a desempenhar.

Embora o preceito de máxima boa-fé seja indispensável à compreensão da partilha da álea, e do resseguro, a conexão funcional do resseguro atua com mais desenvoltura na construção da noção conceitual ora perseguida. Como restou observado oportunamente, o resseguro revela sua nota conceitual por intermédio de sua função econômico-social, ele se explica pela finalidade a qual se destina e se cumpre perante o segurador-ressegurado, em razão dos riscos ligados à atividade [técnica] por ele desempenhada. Um preceito voltado à consecução de tal finalidade não poderia se explicar senão com base na própria finalidade, e é nesse sentido que se pode compreender a partilha da álea como um princípio corolário da *conexão funcional* do resseguro frente ao seguro.[258] Como expressão desse nexo funcional,[259] a partilha da álea é o princípio pelo qual o ressegurador é chamado a compartilhar dos

---

[257] HILL PRADOS, Maria Concepción. *El reaseguro*. Barcelona: JM Bosch, 1995, p. 52-53.

[258] Esse é o posicionamento de MARTINS-COSTA, Judith. O Contrato de Resseguro e o Princípio da Partilha da Álea, *in Revista Brasileira do Seguro e da Responsabilidade Civil*, v. 1, 2009, p. 157-179. Alinha-se tal entendimento à compreensão que sustenta, outrossim, Carlos Ignacio J. Jaramillo, o qual utiliza a expressão "dependencia funcional", Configuración y alcances de La 'comunidad de suerte' en el contrato de reaseguro. Revista Ibero-LatinoAmericana de Seguros, n. 10, Julio 1997, p. 91-134, p. 108. Essa expressão, no entanto, mostra-se inadequada por induzir à ideia de que o resseguro é causalmente dependente do seguro, pelo compartilhamento da causa-função negocial, o que, como visto, não ocorre. Embora não se detenha sobre tal questão, Judith Martins-Costa inicia o artigo acima referido chamando atenção ao "delicado problema das relações entre a mútua *autonomia categorial* (a causa própria ao resseguro, diversa da causa do seguro) e o mútuo *nexo funcional e etiológico* relativamente ao contrato de seguro", grifando, pois, as causas-função diversas de resseguro e seguro. Em escrito posterior, Carlos Ignacio já não repete a expressão "dependência funcional", preferindo falar em "dependência genética". JARAMILLO J., Carlos Ignacio. *Distorción funcional del contrato de reaseguro tradicional*. Santa Fé de Bogotá: Fundación Cultural Javeriana (Javegraf), 1999, p. 75 e ss. Entende-se que as expressões mais adequadas à explicação da partilha da álea são "conexão funcional" e "nexo funcional".

[259] Ou "manifestación de la inocultable dependencia funcional del contrato de reaseguro en relación con el contrato de seguro", como refere JARAMILLO J. Carlos Ignacio. Configuración y alcances de La 'comunidad de suerte' en el contrato de reaseguro. *Revista Ibero-LatinoAmericana de Seguros*, n. 10, Julio 1997, p. 111.

efeitos patrimoniais negativos experimentados pelo segurador-ressegurado em decorrência de sua atividade.[260]

A função econômico-social do resseguro explicita a sua razão de ser, e aponta para a evidência de que não cumprir a sua finalidade é macular sua própria existência, além, é claro, de afetar o sistema securitário do qual é elemento essencial: em vista disso se justifica e se aplica o princípio da partilha da álea, segundo certos limites, estejam estes estabelecidos contratualmente ou não, havendo ou não disposição legal a respeito.

O princípio da partilha da álea circunscreve-se à sorte técnica do segurador-ressegurado,[261] isto é, aos resultados negativos advindos da gestão técnica desempenhada pelo segurador-ressegurado: as questões afeitas à gestão comercial procedida pelo segurador-ressegurado não encontram lugar na aplicação de tal preceito. Atualmente, contudo, a fórmula genérica "comunidade de interesses",[262] na qual se insere o princípio da partilha da álea, comporta outra especificação: a partilha das ações[263] do segurador-ressegurado.

2.2. Partilhar as ações e partilhar o destino

A partilha das ações está relacionada à "obrigação do ressegurador decorrente da ação ou omissão equivocada de índole técnico-comercial por parte do segurador". É inerente, pois, ao desempenho da atividade comercial do segurador-ressegurado: os resultados a serem partilhados ligam-se à gestão comercial do segurador-ressegurado, e não a fatores externos sobre os quais a ação do segurador não tem influência determinante.[264] Essa gestão comercial não compreende, contudo, pa-

---

[260] Ou, de outra maneira, "[...] é possível dizer que o princípio que manda ao ressegurador acompanhar a sorte do segurador constitui o corolário da função econômico-social conectada ao resseguro, traduzindo a seguinte idéia: em face da própria razão de ser do resseguro como instituto jurídico, o ressegurador deve compartilhar análoga responsabilidade à que corresponde ao segurador em virtude dos efeitos patrimoniais sofridos pelo segurador por conta do sinistro." MARTINS-COSTA, Judith. O Contrato de Resseguro e o Princípio da Partilha da Álea, in Revista Brasileira do Seguro e da Responsabilidade Civil, v. 1, 2009, p. 157-179.

[261] JARAMILLO J. Carlos Ignacio. Configuración y alcances de La 'comunidad de suerte' en el contrato de reaseguro. Revista Ibero-LatinoAmericana de Seguros, n. 10, Julio 1997, p. 111-112.

[262] Como prefere ÂNGULO RODRÍGUEZ, Luis de. Consideraciones preliminares sobre el reseguro, in ÂNGULO RODRÍGUEZ, Luis de; y otros. Estudios sobre el contrato de reaseguro. Madrid: Editorial Española de Seguros, 1997, p. 42.

[263] Também denominada *following the actions, comunidad de responsabilidad por las acciones del asegurador*, ou *partage des actions*.

[264] Entre aspas está a tradução de trecho de JARAMILLO J. Carlos Ignacio. Configuración y alcances de La 'comunidad de suerte' en el contrato de reaseguro. Revista Ibero-LatinoAmericana de Seguros, n. 10, Julio 1997, p. 116; ID, Distorción funcional del contrato de reaseguro tradicional. Santa Fé de Bogotá: Fundación Cultural Javeriana (JAVEGRAF), 1999, p. 80 e ss.

gamento *ex gratia* por razões de conveniência comercial, ou reivindicações de cobertura reportadas ao ressegurador com atraso injustificado, ou, ainda, pagamento ou condenação ao pagamento de indenização a título de indenização punitiva.[265] Tais circunstâncias, se não esbarram no limite estabelecido pelo nexo funcional do resseguro em relação ao seguro, estão limitadas pela incidência da boa-fé, ou pelo princípio indenitário, como se terá a oportunidade de abordar adiante.

A partilha das ações está relacionada à obrigação do ressegurador decorrente da ação ou omissão equivocada de índole técnico-comercial por parte do segurador, como, por exemplo, o erro na avaliação do material probatório relativo à liquidação do sinistro, do qual resultou condenação judicial. Segundo Jaramillo, os erros e as omissões sem culpa ou não intencionais do segurador comprometem igualmente o ressegurador, o qual não pode se eximir de sua responsabilidade alegando, por exemplo, "equívoco na seleção ou no processo de avaliação do risco segurável", ainda que isso, posteriormente, se relacione com a ocorrência do sinistro.[266] Jaramillo conclui incidir a partilha das ações na conduta assumida pelo *empresário* segurador e não relacionada a questões externas ou extrínsecas ao seguro: o risco e, via de consequência, o resultado econômico-financeiro são circunstâncias intrínsecas à atividade securitária, e, nesse sentido, a partilha das ações é ostensivelmente mediada pelas ações do segurador-ressegurado, ao contrário da

---

[265] Os exemplos ora trazidos – pagamento *ex gratia*, reivindicações de cobertura reportadas ao ressegurador com atraso injustificado, e pagamento ou condenação ao pagamento de indenização a título de indenização punitiva – são abordados por Klaus Gerathewohl. O autor esclarece que o pagamento ou condenação ao pagamento de verba a título de indenização punitiva (*punitive damages*, do direito anglo-saxão) se deve a dois fatores: ou pela compreensão judicial de que está incluída na apólice de seguro de responsabilidade civil frente a terceiros; ou porque o segurador maliciosamente rejeitou ou protelou o reconhecimento da reivindicação do segurado. Gerathewohl identifica a indenização punitiva como aquela que se justifica pela conduta maliciosa do agente responsável pelo dano, somando-se à indenização compensatória (*compensatory damages*). GERATHEWOHL, Klaus. *Reinsurance*: principles and practice. Vol. I. Karlsruhe: Verlag, 1982, p. 723 e 730 e ss. *Punitive damages* é definido como "valor acrescentado à indenização devido a circunstâncias agravantes que cercam a conduta do agente", por MELLO, Maria Chaves de. *Dicionário jurídico português-inglês / inglês-português*, 8ª ed. revista, atualizada e ampliada. São Paulo: Método, 2006, p. 867. No ordenamento jurídico brasileiro não há respaldo a indenizações com *função* punitiva, como concluem MARTINS-COSTA, Judith; PARGENDLER, Mariana Souza. Usos e Abusos da Função Punitiva (*punitive damages* e o Direito Brasileiro), *in Revista da Ajuris*, v. 100, 2005, p. 229-262.

[266] Sustenta o autor que "si con fundamento en tales decisiones se obliga la responsabilidad del asegurador directo – por regla – se obligará igualmente la responsabilidad de su reasegurador, quien acorde con los postulados de la comunidad en referencia, resultará contractualmente comprometido, legalmente obligado a respaldar la posición por él ahijada, junto con todas las implicaciones que de ella derivan en el plano contractual". JARAMILLO J. Carlos Ignacio. Configuración y alcances de La 'comunidad de suerte' en el contrato de reaseguro. *Revista Ibero-LatinoAmericana de Seguros*, n. 10, Julio 1997, p. 116.

partilha da álea na qual, segundo o autor, a conduta do segurador-ressegurado não desempenha papel algum.

O campo da cobertura ressecuritária – "sorte" técnica ou "sorte" comercial – não é o único aspecto que distingue – respectivamente – a partilha da álea (ou partilha do destino), frente à partilha das ações. Não sendo a vocação natural do resseguro arcar com os resultados negativos colocados pela gestão técnico-comercial, partilhar o resultado das ações do segurador-resseguro requer estipulação contratual expressa, especificando que resultados, de quais ações, serão compartilhados.

É dizer, a partilha da álea se explica pela função econômico-social do negócio resseguro, e por isso seu reconhecimento e consequente incidência pode se dar mesmo se inexistente disposição contratual ou legal a respeito.[267] Por sua vez, a partilha das ações, se explica por razões de conveniência técnico-comercial, como manifestação da liberdade contratual, não ligada à estrutura ou à função do negócio resseguro, de maneira que a sua contemplação não será viável, senão mediante previsão contratual.

As disposições contratuais que abarcam a partilha das ações são variadas, como são variadas as cláusulas que preveem a partilha da álea ou, embora não a prevejam, repercutam sobre a aplicação deste último preceito.[268] Não sendo possível esgotar tal tema,[269] são abordadas algumas cláusulas que expressam a partilha das ações, e cláusulas com reverberação sobre a partilha da álea, com a finalidade de tornar mais compreensível, sob ponto de vista prático, a abordagem ora empreendida, demonstrando não só a diferença da finalidade de um preceito

---

[267] Ressalva-se o entendimento pela pertinência da previsão da partilha da álea nos projetos de lei em tramitação junto ao Congresso Nacional (PL 3.555/2004 e PL 8.034/2010). A propósito, ver a defesa da inclusão e manutenção do princípio em tela no PL 3.555/2004, por MARTINS-COSTA, Judith. Sugestão de redação do art. 66, do PL 3.555/2004 (*follow the fortune*), *in* IBDS – Instituto Brasileiro de Direito do Seguro (org.). *Contrato de seguro*: uma lei para todos PL 3.555/2004. São Paulo: IBDS, 2009, p. 253-261. Impera o entendimento na literatura especializada quanto ao reconhecimento da incidência da partilha da álea no resseguro ainda que não haja disposição contratual ou legal em específico (em tal sentido, Jaramillo; Ángulo Rodríguez; Martins-Costa, que ampara tal possibilidade na relevância da função econômico-social do resseguro, na boa-fé objetiva como pauta de conduta, e na "boa prática de negócios"; Capotosti, que ampara tal possibilidade na aplicação da boa-fé objetiva; Gerathewohl, obras citadas), excetuando-se sua incidência por cláusulas que lhe afetam direta ou indiretamente, das quais pode resultar a distorção ou a desnaturalização do contrato de resseguro.

[268] Gerathewohl destaca que os dois preceitos não estão apartados com a desejável clareza, constituindo-se aspecto comum a ambos o fato de que se reportam a riscos ou revindicações definitivamente cobertos pelo contrato. GERATHEWOHL, Klaus. *Reinsurance*: principles and practice. Vol. I. Karlsruhe: Verlag, 1982, p. 717.

[269] O exame do contrato de resseguro procedido com ênfase nas cláusulas contratuais é realizado por MARTINS, João Marcos Brito; MARTINS, Lídia de Souza. *Resseguros*: fundamentos técnicos e jurídicos. Rio de Janeiro: Forense Universitária, 2008.

frente ao outro, como também a *regulação do grau* de incidência da partilha da álea em atenção ao estipulado pelas partes.

A cláusula *loss settlement* viabiliza a participação do ressegurador frente aos pagamentos realizados pelo segurador-ressegurado com base na liquidação de uma dada apólice sem, no entanto, a responsabilidade por tal pagamento decorrer da lei, havendo, contudo, dúvida sobre a responsabilidade do segurador-ressegurado em razão dos termos da apólice. Não se confunde com a hipótese de pagamento *ex gratia*, pois neste há um ato deliberado do segurador-ressegurado em efetuar pagamento pelo qual não é responsável. A dúvida que ampara a responsabilidade sobre o pagamento objeto da cláusula *loss settlement* deve ser razoável, e não pode implicar extensão temporal ou espacial da cobertura ressecuritária.[270]

A cláusula *to paid as may be paid thereon*, por sua vez, serve a um compartilhamento de ações ainda mais amplo. Ela não se atém a uma dúvida razoável sobre a responsabilidade pelo pagamento, com base nos termos da apólice, pois sequer permite ao ressegurador tomar isso em consideração. O ressegurador deve "*pagar como deva pagar o segurador/ressegurado, responsável ou não*", contudo, sem dispensar o segurador-ressegurado da prova de sua responsabilidade pelo pagamento, como também que tal hipótese está coberta pelo contrato de resseguro,[271] por isso não havendo contemplação do pagamento *ex gratia*.

Entre as cláusulas que repercutem sobre a partilha da álea, aquelas pertinentes à intervenção do ressegurador na regulação do sinistro assumem maior relevância. Em regra, como discorre Ângulo Rodríguez, as cláusulas dessa natureza podem prever: (i) o dever de informação do segurador-ressegurado frente ao ressegurador; (ii) a possibilidade de o segurador-ressegurado obter assistência técnica por parte do ressegurador; (iii) o dever ao segurador-ressegurado de consultar o ressegurador no que disser respeito à gestão da regulação do sinistro; e (iv) a possibilidade ao ressegurador de enviar inspetores [ou reguladores] próprios para acompanhar a regulação do sinistro. O problema se coloca quando há a previsão de uma participação ativa do ressegurador, no sentido de possibilitar-lhe controle sobre a regulação do sinistro.

---

[270] Conforme ROMERO MATUTE, Blanca. El contrato de reaseguro: algunos aspectos de su régimen jurídico (secunda parte), *in Revista Ibero-Latinoamericana*, n. 14, abril 2000, p. 151 e ss. Ressalva-se que a autora equipara *loss settlement* a *follow the settlements*, distinguindo estas do preceito "seguir a sorte" (*follow the fortunes*). Essa diferenciação, entre as expressões *follow the settlement* e *follow the fortunes*, é, como referido oportunamente, superada, preferindo a doutrina tratar do tema da partilha das ações pela expressão *follow the actions*, que expressamente refere o objeto ao qual se restringe.

[271] ROMERO MATUTE, Blanca. El contrato de reaseguro: algunos aspectos de su régimen jurídico (secunda parte), *in Revista Ibero-Latinoamericana*, n. 14, abril 2000, p. 154.

Em que pesem tais cláusulas possam ser válidas, segundo o disposto contratualmente pelas partes, elas (1) revelam a lógica da desconfiança entre as partes, subvertendo a lógica da máxima boa fé, (2) permitem ao ressegurador desempenhar funções do segurador, afastando-se da concepção tradicional de resseguro, com isso "rompendo a autonomia e independência de ambos os contratos", (3) além de significarem violação das normas de controle administrativo, caso o ressegurador não esteja apto a operar também como segurador.[272]

As cláusulas relativas ao acerto de contas ao fim da vigência do contrato de resseguro se relacionam também intrinsecamente com a aplicação da partilha da álea. Essas cláusulas determinam os critérios pelos quais haverá o acerto (ou encontro) de contas ao fim do prazo do contrato de resseguro. Pode ocorrer, todavia, uma distorção do resseguro, que tem lugar se tais cláusulas passam a substituir a fixação de critérios para, ao invés disso, preverem uma compensação ao segurador-ressegurado para o ressegurador restar eximido de seguir cobrindo os riscos segundo o princípio da comunidade de sorte. Isso se dá conforme o regime de acerto de contas estabelecido.[273]

Em se tratando de regime de acerto de contas *run off*, o acerto de contas se dá frente aos riscos em curso e sinistros pendentes, com a manutenção da responsabilidade do ressegurador até o vencimento dos riscos em curso e a efetiva indenização dos sinistros.[274] Mantém-se, com isso, íntegra a incidência da partilha da álea, princípio o qual, contudo, vai sendo mitigado conforme se altera o mencionado regime.

O regime de acerto de contas *clean cut* c/c *run off* é aquele pelo qual, em relação aos riscos em curso, é procedida uma compensação ao segurador-ressegurado para o ressegurador liberar-se das implicações pertinentes aos riscos em curso, mantendo-se, todavia, implicado quanto aos sinistros pendentes. Já o regime de acerto de contas *clean cut* procede uma compensação ao segurador-ressegurado, em relação aos riscos em curso e os sinistros pendentes, liberando-se o ressegurador de futuras responsabilidades. Há uma versão mais radical desse regime, que contempla sua aplicação automática, de maneira a, mediante compensação, liberar o ressegurador de compartilhar a sorte pelos riscos em curso e os sinistros pendentes a partir do cancelamento do resseguro. E há, por fim, um regime de acerto de contas *clean cut*, com a

---

[272] ÂNGULO RODRÍGUEZ, Luis de. Consideraciones preliminares sobre el reaseguro, *in* ÂNGULO RODRÍGUEZ, Luis de; y otros. *Estudios sobre el contrato de reaseguro*. Madrid: Editorial Española de Seguros, 1997, p. 44 e ss.

[273] Idem, p. 51 e ss.

[274] Idem, p. 52.

compensação ao segurador-ressegurado, em relação aos riscos em curso e os sinistros pendentes, liberando-se o ressegurador de futuras responsabilidades, ressalvada determinada classe de sinistros pendentes, a esta se mantendo o regime *run off*.[275]

As cláusulas relativas à intervenção do ressegurador na regulação do sinistro e ao regime de acerto de contas ao fim da vigência contratual reverberam, em larga medida, sobre a incidência do princípio da partilha da álea. No caso das cláusulas pertinentes à regulação do sinistro, o aumento do controle do ressegurador obscurece a aplicação da partilha da álea uma vez que dito preceito se funda na autonomia e na conexão funcional do resseguro frente ao seguro, e a autonomia bem como a conexão restam prejudicadas pelo fato de o ressegurador assumir atividade própria do segurador-ressegurado. A esse fenômeno se denomina, segundo compreensão mais radical, *desnaturalização do contrato de resseguro*, o qual restaria fatalmente prejudicado em vista da cláusula de controle de regulação do sinistro.[276] Uma segunda denominação, ligada a uma compreensão mais razoável do problema, identifica a questão como *distorção do contrato de resseguro*: o contrato não restaria totalmente prejudicado, mantendo-se o seu "substrato tipológico essencial", embora "descolorido".[277] Além de vulnerabilizar a partilha da álea, cláusulas dessa natureza interferem na gestão técnica securitária e estimulam a desconfiança entre as partes, quando o contrário é desejável jurídica e economicamente[278] (a confiança deve ser valorizada e balizar a conduta de parte a parte).

Entende-se que a mesma conclusão colocada em relação às cláusulas de controle de sinistro, pelo ressegurador, se faz pertinente às cláusulas relativas ao estabelecimento de critérios para acerto de contas ao fim da vigência do contrato de resseguro. Se por meio destas cláusulas o ressegurador se exonera de riscos dos quais participaria, embora mediante compensação, esvazia o princípio da partilha da álea, afetando

---

[275] ÂNGULO RODRÍGUEZ, Luis de. Consideraciones preliminares sobre el reaseguro, *in* ÂNGULO RODRÍGUEZ, Luis de; y otros. *Estudios sobre el contrato de reaseguro*. Madrid: Editorial Española de Seguros, 1997, p. 52-53.

[276] Essa é a compreensão de Álvaro Muñoz Lopez (La Desnaturalización del Contrato de Reaseguro, *in* MUSINI; SEAIDA, *Estudios sobre el contrato de reaseguro*. Madrid: 1997, p. 196), a qual foi duramente criticada por José Maria Muñoz Paredes, no II Fórum de Direito do Seguro "José Sollero Filho" ao fim da palestra proferida por Paulo Piza, relativa ao tema A Mora da Seguradora e o Controle da Regulação de Sinistro pela Resseguradora (constante em IBDS (org.). *II Fórum de Direito do Seguro José Sollero Filho*. São Paulo: IBDS, 2002. p. 163-188. p.180-181), como destaca DIAS, André Orengel. *Resseguro e desenvolvimento: entre Estado e Mercado, Lei e Contrato*. Dissertação de mestrado Escola de Direito de São Paulo da Fundação Getúlio Vargas, 2011.

[277] JARAMILLO, Carlos Ignacio J. *Distorsión Funcional Del Contrato de Reaseguro Tradicional*. Santa Fé de Bogotá: Fundación Cultural Javeriana (Javegraf), 1999. p. 37-38.

[278] Para tais consequências aponta JARAMILLO, op. cit., p. 100 e ss.

e distorcendo a função do negócio ressecuritário. Sob tal compreensão, ainda que cláusulas dessa natureza sejam válidas, segundo a autonomia privada, e conforme aos usos e práticas comerciais do mercado securitário, e na realidade prática possam significar uma limitação, direta ou indireta, à partilha da álea, elas não podem ser compreendidas senão como patologias incidentes sobre o contrato de resseguro.[279]

2.3. Limites à partilha da álea

Os limites colocados à partilha da álea são explicados pelos fundamentos que amparam tal princípio: a conexão funcional do resseguro frente ao seguro e a observância da mais estrita boa-fé. A violação a tais fundamentos é, por si, fronteira associada a outro limite, expressado pelo princípio indenitário.

Como já destacado, o negócio securitário como um todo é marcado pela máxima boa-fé, pois parte considerável de fatores influentes na apuração e na fixação de suas referências qualitativas (interesse, risco, cobertura) e quantitativas (prêmio e indenização vinculada à cobertura) está a cargo exclusivo de uma das partes, pela declaração, sem necessidade de comprovação, de dados essenciais, além de – como reiteradamente referido – terem as partes a necessidade funcional de se relacionar cooperativamente. No resseguro, a tal situação se soma o fato de, em regra, a gestão do contrato de resseguro ser confiada ao segurador-ressegurado, tendo ele o mister de administrar o seguro que precede e justifica o resseguro. Qualquer ação capaz de macular a confiança balizadora e fundamental à relação securitária não pode ser admitida. Logo, não há lugar para a responsabilização do ressegurador se o segurador-ressegurado age de forma a quebrar o vínculo de confiança entre as partes.

Essa quebra do vínculo de confiança é comumente relacionada ao agir de má-fé por parte do segurador-ressegurado,[280] perspectiva que merece algumas considerações. Primeiro, a má-fé, ou o dolo, contra-

---

[279] Ariel Fernández Dirube, no entanto, identifica a cláusula de controle da regulação de sinistro como limite à partilha da álea. *Manual de reaseguros*. 2ª ed. Buenos Aires: Biblioteca General RE, 1993, p. 55 e ss.

[280] Identificam a má-fé como limite à partilha da álea: JARAMILLO, Carlos Ignacio. Configuración y alcances de La 'comunidad de suerte' en el contrato de reaseguro, *in Revista Ibero-LatinoAmericana de Seguros*, n. 10, Julio 1997, p. 91-134; FERNÁNDEZ DIRUBE, Ariel. *Manual de reaseguros*. 2ª ed. Buenos Aires: Biblioteca General RE, 1993, p. 55-56; BROSETA PONT, Manuel. *El contrato de reaseguro*. Madrid: Aguilar, 1961, p. 26.

põe-se à boa-fé em seu sentido subjetivo.[281] Contudo, sua presença está, de qualquer forma, relacionada à ausência da boa-fé.[282] Segundo, restringir os casos de não participação do ressegurador àqueles nos quais é verificada a má-fé deixa descoberta uma série de hipóteses fáticas explicáveis não propriamente por uma conduta dolosa, mas por uma conduta de descomprometimento com os interesses do *alter*, como, por exemplo, o exercício negligente da atividade técnica securitária. Dada a centralidade que o princípio da boa-fé adquire no vigente Direito brasileiro (tendo sido positivado, como visto, no Código Civil), exige-se um comportamento proativo em prol da cooperação necessária.

Entende-se, portanto, que o limite à partilha da álea não está restrito à perquirição acerca da conduta de má-fé, tradutora de dolo, revelando-se também pela conduta violadora à boa-fé em sua expressão objetiva, isto é, a conduta divorciada do arquétipo de retidão, honestidade, lealdade e probidade, averiguada segundo o que normalmente acontece nas circunstâncias concretas e considerados os fins e funções do contrato de resseguro. Em outras palavras, a abordagem da questão relativa ao limite à partilha da álea não há de ser feita exclusivamente pelo viés da má-fé (considerando-se o caso apenas se enquadrável na categoria do dolo), mas na múltipla funcionalidade da boa-fé objetiva, considerada como "regra de conduta contratual leal, a ser objetivamente averiguada (art. 422); como parâmetro para detectar a ilicitude no modo de exercício dos direitos subjetivos (art. 187); como crença na legitimidade da própria conduta, assim sendo antinômica ao dolo (arts. 765; 766; 768; 769); e como critério de interpretação do contrato e da conduta contratual (art.113), servindo, nessa acepção, para a mensuração da mora".[283]

A reforçar tal entendimento se coloca a apropriada argumentação de Capotosti quanto à correção no comportamento contratual, segundo a boa-fé, demandada pelo contrato de resseguro. Não havendo legislação específica – realidade que Itália e Brasil experimentam –, e construindo-se a regulação do resseguro "sobre esquemas da tipicidade social e da *lex mercatoria*, [...] a avaliação da correção da prestação ressecuritária no que diz respeito às regras profissionais, que derivam

---

[281] "Antitética à boa-fé subjetiva está a má-fé, também vista subjetivamente como a intenção de lesar a outrem", conforme MARTINS-COSTA, Judith. *A boa-fé no Direito Privado*: sistema e tópica no processo obrigacional. São Paulo: Revista dos Tribunais, 1999, p. 411.

[282] Tanto por isso, Judith Martins-Costa observa, ao tratar da partilha da álea, que a "boa-fé não se caracteriza apenas como 'ausência de dolo', mas, evidentemente, a presença de dolo sempre marcará a ausência de boa-fé", O Contrato de Resseguro e o Princípio da Partilha da Álea, *in Revista Brasileira do Seguro e da Responsabilidade Civil*, v. 1, 2009, p. 157-179.

[283] O trecho em itálico é de autoria de Judith Martins-Costa, e os artigos referidos entre parênteses, pela autora, são do Código Civil brasileiro. Idem, p. 157-179.

dos usos e da equidade, deve ser feito conforme padrão da diligência e da boa-fé".[284]

Os erros e as omissões nos quais incorre o segurador-ressegurado podem ser mais adequadamente tratados sob tal compreensão. À inexistência de consenso quanto à alocação de tal questão – se se incluem os erros e as omissões nas cláusulas da partilha da álea, ou nas cláusulas da partilha das ações, ou, ainda, como cláusulas independentes[285]– a boa-fé oferece a resposta adequada. O erro e a omissão concretizados sob a *crença na legitimidade da própria conduta* e que não se revelam violadores do conteúdo da boa-fé objetiva, devem ser partilhados pelo ressegurador. E o compartilhamento procede quer o erro e a omissão estejam *ou não* incluídos no clausulado da partilha da álea, por estarem vinculados ao agir técnico; quer estejam incluídos no clausulado da partilha da álea, por estarem vinculados ao agir técnico-comercial do segurador-ressegurado.

Outro limite à partilha da álea se expressa por uma singela observação: estando o resseguro *funcionalmente* conectado ao seguro, a partilha da álea justifica-se até o limite no qual o resseguro cumpre sua finalidade, e uma vez cumprida tal finalidade, exaure-se a pertinência do compartilhamento da sorte. A tal fórmula geral se pode, ao menos, objetar que (1) é demasiado abstrata e vaga e (2) não responde satisfatoriamente à questão do limite, porque recoloca o problema num outro plano: definir em que circunstâncias o resseguro esgota sua função.

A controvérsia sobre a partilha da álea pode se estabelecer de diversas maneiras, de impossível consideração ou sistematização, para o que se propõe tomar como exemplo o caso relativo à hidrelétrica de Jirau, localizada em Porto Velho (RO), um dos principais projetos do PAC – Programa de Aceleração do Crescimento –, do Governo Federal brasileiro, empreendimento para o qual houve a constituição do consórcio empresarial (Energia Sustentável do Brasil S/A). Dada a magnitude da obra, avaliada em 8,7 bilhões de reais, houve a contratação de cosseguro, sendo líder a seguradora Sul América, associada às seguradoras Mapfre, Allianz, Zurich, Itaú e Aliança do Brasil (BB), em duas apólices que somam o valor segurado de 7,3 bilhões de reais, e preveem cobertura para riscos de engenharia e operacionais, bem como riscos relacionados ao lucro cessante por interrupção do negócio e atrasos da obra. O resseguro relativo a tal contratação de seguro foi firmado com

---

[284] O texto entre aspas é tradução livre do argumento de CAPOTOSTI, Renzo A. *La riassicurazione: il contratto e l'impresa*. Torino: UTET, 1991, p. 143.

[285] Como observa Jorge Sánchez Villabella, alinhando-se a Klaus Gerathewohl. *El contrato de reaseguro*: manual técnico jurídico. Madrid: Editorial Española de Seguros, 2002, p. 249 e ss.

20 companhias resseguradoras internacionais. Em maio de 2011 houve paralisação e protestos junto às obras da hidrelétrica Jirau, os quais geraram danos materiais estimados, pela segurada Energia Sustentável S/A, em 400 milhões de reais, prejuízo o qual, somada a perda de receita pelo atraso, pode chegar a 1,6 bilhão de reais. De outro lado, as seguradoras alegam que os danos materiais são de cerca de 100 milhões, teto de cobertura para danos materiais decorrentes de tumulto na obra. Acionadas as seguradoras, houve, evidentemente, a comunicação aos resseguradores, e, após oito meses de regulação do sinistro, houve a negativa de cobertura, sem que, no entanto, tivesse restado claro a não contemplação do risco pela cobertura securitária. Tudo indica ter sido a cobertura, e, por consequência, a indenização negada pelos seguradores ao consórcio em razão de pressão dos resseguradores, os quais se recusaram a seguir a sorte das seguradoras, por entenderem que a constatação de ação criminosa (praticada pelos operários, conforme inquérito policial) excetua a cobertura securitária.[286]

Considerando que a cláusula previsiva da cobertura para riscos inerentes à interrupção do negócio e atrasos da obra tenha sido redigida de maneira a contemplar o fato ocorrido (embora caracterizada a impropriedade técnica das seguradoras em sua redação), sendo devida, portanto, a indenização pertinente aos lucros cessantes, daí havendo resultado negativo sobre a esfera patrimonial das seguradoras, e mais precisamente sobre sua sorte técnica; e considerando, ainda, estar tal circunstância contemplada pelo contrato de resseguro, não partilhar a álea é negar a funcionalidade do resseguro, é extrair-lhe a razão de ser, violando-se a "obrigação fundamental"[287] do ressegurador.

---

[286] Atualmente a questão relativa ao seguro pertinente à obra da hidrelétrica está submetida: a) ao Judiciário brasileiro, uma vez que o consórcio, junto de duas das empresas que o compõem, demandam judicialmente as seguradoras, postulando a inaplicabilidade do compromisso arbitral pactuado pelas seguradoras junto às resseguradoras, em momento posterior à contratação do seguro (o que já obtiveram em decisão liminar), bem como pleiteando a indenização que entendem devida; e b) a uma corte inglesa de arbitragem, em virtude da pactuação de compromisso arbitral no contrato de resseguro, já havendo decisão de tal corte no sentido de que a situação será resolvida pela arbitragem, e que as empresas demandantes não podem dar curso à ação judicializada no Brasil ou ajuizar novas demandas, sob pena prisão de seus representantes e retenção dos seus bens. As principais notícias a respeito estão disponíveis no endereço <http://www.valor.com.br/empresas/2494304/conflitos-de-jirau-vao-parar-na-corte-inglesa>, acessado em 27/02/2012, e no endereço <http://www.valor.com.br/financas/1132922/seguro-de-jirau-e-motivo-de-disputa>, acessado em 12/12/2011. Evidentemente, não se tem acesso aos detalhes que envolvem a celeuma existente entre as partes, e que toca o cosseguro e o resseguro pertinentes ao empreendimento de Jirau, de maneira que as considerações que seguem à descrição do caso são suposições lançadas com intuito de ilustrar o tema ora desenvolvido, sem necessariamente corresponder ao caso verdadeiro.

[287] A obrigação fundamental liga-se à *fattispecie* inadimplemento fundamental (*fundamental breach*), com origem nos precedentes do direito anglo-saxão, mas, apesar da dificuldade de transposição, vem ganhando espaço junto aos sistemas filiados à família romano-germânica, tendo sido

A obrigação fundamental, além de ser informada pela função econômico-social, tem por características a irredutibilidade e a intangibilidade, e "atua como elemento unificante do contrato, sempre a ser compreendido como um conjunto complexo, concepção cuja importância ressalta principalmente em face do problema das redes contratuais, dos contratos conexos, relacionais e em geram dos contratos de longa duração".[288] A exclusão ou supressão da obrigação fundamental poderá prejudicar fatalmente a economia contratual e o sinalagma, justificando, com isso, a nulidade do contrato ou sua resolução.[289]

Por outro lado, considerando cláusula redigida apropriadamente, bem como a hipótese de o fato ocorrido não ter abrigo na cobertura securitária – de modo a seus efeitos sobre a esfera técnica das seguradoras não restarem englobados pela cobertura ressecuritária –, se as seguradoras, por liberalidade comercial não avalizada tecnicamente (como é o caso dos pagamentos *ex gratia*), insistem em efetuar o pagamento da indenização reclamada, cogitar a partilha da álea é violar a funcionalidade do resseguro.[290]

---

incorporado na Convenção de Viena de 1980, relativa à compra e venda internacional. Na França, dedicou-se ao tema Ruth Sefton-Green (La notion d'Obligation Fondamentale: comparaison Franco-Anglaise. Paris: LGDJ, 2000), e no Brasil, Vera Maria Jacob de Fradera, (O conceito de inadimplemento fundamental no art. 25 da lei internacional sobre vendas, da Convenção de Viena de 1980, *in* Revista da Faculdade de Direito da UFRGS, vol. 11, 1996, p. 55-66), conforme informa Judith Martins-Costa, que também abordou o tema, escrito que baseia a ideia ora abordada. Comentários ao Novo Código Civil: do inadimplemento das obrigações arts. 389 a 420. Vol. V, Tomo II, *in* TEIXEIRA, Sálvio de Figueiredo (coord.). *Comentários ao Novo Código Civil*. Rio de Janeiro: GEN; Forense, 2009, p. 223 e ss.

[288] Idem, p. 225-226.

[289] Conforme expresso por Judith Martins-Costa, a obrigação fundamental "[...] é aquela, na relação obrigacional, que tem o caráter de 'irredutibilidade', podendo ser detectada, nos casos concretos, pelo exame funcional dos fatos em causa. O caráter 'irredutível' significa que, na economia contratual, a obrigação fundamental, seja derivada da lei, seja da própria convenção, é aquela que não pode ser quebrada, apagada ou extirpada sob pena de o contrato, enquanto regulação de interesses econômicos dotada de sentido, deixar de ter um mínimo significado enquanto tal. A obrigação fundamental é também, por isto mesmo, 'intangível' em razão de sua 'essencialidade', mesmo diante das transformações por que pode passar a relação obrigacional. A intangibilidade é uma condição necessária porque, se uma obrigação fundamental for quebrada ou suprimida, estar-se-á na presença de um atentado suficientemente grave, causador da extinção da relação, inclusive por nulidade, como pode ocorrer com as cláusulas exoneratórias de responsabilidade civil: em certos casos a inserção dessas cláusulas, ainda que permitida, pode levar à quebra de tal ordem no sinalagma que a 'obrigação fundamental' se tem por violada, ensejando a extinção do ajuste". Idem, p. 224-226.

[290] Claro que, sendo a problematização uma abstração, porque não se conhece o caso concretamente, a solução ora proposta está, em certa medida, também em um plano abstrato. As particularidades da questão envolvendo a hidrelétrica Jirau certamente não admite uma solução tão simplificada, mas o problema é trazido como forma de demonstrar que problemas ligados à partilha da álea estão postos, e ilustrar, tanto quanto possível, que sua solução se liga aos limites ora propostos à partilha da álea.

O pagamento *ex gratia*, comumente erigido à condição de limite à partilha da álea,[291] é tão só a expressão de um princípio há muito conhecido em matéria de seguro: o princípio indenitário. O negócio securitário, ligado à espécie de seguro de dano, deve ter em consideração o exato prejuízo sofrido: "como o seguro não pode ser uma fonte de lucros para o segurado, a indenização não pode ultrapassar o valor da coisa, objeto do interesse [...] O fundamento está na finalidade de manter o segurado interessado na não ocorrência do sinistro. Daí a regra de que o seguro de danos somente é válido quando o segurado não tem interesse na realização do risco".[292] Com base em tal preceito, qualquer pagamento efetuado pelo segurador que não corresponda ao efetivamente devido perde sua justificativa técnica e jurídica, por isso não podendo repercutir no resseguro, pois também este, enquanto espécie atrelada à racionalidade do seguro de dano, não pode dar lugar àquilo que não é indenizável.

A inobservância de qualquer dos limites até então formulados – boa-fé, conexão funcional e princípio indenitário – terá, em regra, como consequência a violação aos termos contratados. Os termos do contrato, por sua vez, indicam, no caso concreto, a exclusão direta ou indireta de determinado risco assumido pelo segurador com repercussão sobre o ressegurador, conforme cada forma e modalidade ressecuritária, valendo ressaltar que a partilha da álea reverbera no resseguro como um todo, sendo ele facultativo, ou tratado proporcional ou não proporcional,[293] o que se explica por sua função, sobre a qual se discorreu oportunamente.

---

[291] Nesse sentido, JARAMILLO, Carlos Ignacio. Configuración y alcances de La 'comunidad de suerte' en el contrato de reaseguro. *Revista Ibero-LatinoAmericana de Seguros*, n. 10, Julio 1997, p. 120-121; ROMERO MATUTE, Blanca. El contrato de reaseguro: algunos aspectos de su régimen jurídico (secunda parte), *in Revista Ibero-Latinoamericana*, n. 14, abril 2000, p. 153; DIRUBE, Ariel. Manual de reaseguros. 2ª ed. Buenos Aires: Biblioteca General RE, 1993, p. 54-56; e, abordando frente à partilha das ações, GERATHEWOHL, Klaus. *Reinsurance*: principles and practice. Vol. I. Karlsruhe: Verlag, 1982, p. 723 e ss.

[292] FRANCO, Vera Helena de Mello. Lições de direito securitário: seguros terrestres privados. São Paulo: Maltese, 1993, p. 61-62. A respeito de tal princípio, alicerçando-se em abundante doutrina, ver também TZIRULNIK, Ernesto. Princípio indenitário no contrato de seguro (parecer), *in Revista dos Tribunais*, Ano 88, Vol. 759, janeiro 1999, p. 89-121.

[293] Como destaca Capotosti, "Il contratto impegna infatti il riassicuratore a seguire le vicende del proprio riassicurato (il che è stato storicamente indicato con la formula dell'identità di fortuna) nel singolo affare (riassicurazione facoltativa) o in una serie di affari dedotti sotto uno stesso contratto (trattati proporzionali) o nei risultati di gestione di un portafoglio assicurativo (trattati non proporzionali)", CAPOTOSTI, Renzo A. *La riassicurazione: il contratto e l'impresa*. Torino: UTET, 1991, p. 141. No mesmo sentido, alinhando-se a Klaus Gerathewohl: PIZA, Paulo Luiz de Toledo. *Contrato de Resseguro*: tipologia, formação e Direito Internacional. São Paulo: Manuais Técnicos de Seguros: IBDS, 2002, p. 196; JARAMILLO, Carlos Ignacio. Configuración y alcances de La 'comunidad de suerte' en el contrato de reaseguro. *Revista Ibero-LatinoAmericana de Seguros*, n. 10, Julio 1997, p. 118.

A nota diferenciadora da partilha da álea, dada a forma e a modalidade técnica, diz respeito à proporção, à quantidade e à qualidade de riscos tomados em consideração pelo ressegurador. Em se tratando de resseguro facultativo – relativo a riscos individualmente tomados, porque incomuns, e, sendo assim, particularmente onerosos ao segurador-ressegurado – a contratação se dá caso a caso, e a partilha da álea se liga a um limite qualitativo. No resseguro sob a forma de tratado, em sendo proporcional, a regra é a da conservação de um "compromisso ilimitado de seguir a sorte", evidentemente coordenando-se a modalidade técnica subjacente (quota-parte, excedente de responsabilidade, ou misto dessas duas modalidades técnicas) e a proporção estabelecida contratualmente. Se não proporcional, o limite colocado é quantitativo, igualmente observada a modalidade técnica correspondente (excesso de dano ou excesso de sinistro), atentando-se não a uma proporção, mas a um limite máximo de perdas a serem suportadas pelo segurador-ressegurado [prioridade], o qual baseia o cálculo do prêmio e a garantia do resseguro e, extrapolado, justificador da cobertura ressecuritária se cumpra.[294]

Por fim, igualmente atinente à justificação de sua incidência e aos limites da partilha da álea, coloca-se a questão sobre quais fundamentos legais servirão ao seu balizamento. Não havendo, no ordenamento jurídico brasileiro, dispositivos legais específicos, a solução que se propõe, na esteira da hábil e precursora proposição já feita por Judith Martins-Costa,[295] volta-se ao uso das cláusulas gerais presentes no Código Civil,[296] sem prejuízo de outra solução que a reflexão ora procedida não logrou alcançar.

O ponto de partida é a incidência do art. 187 do mencionado diploma legal,[297] o qual justifica a "a adstrição à função econômica e social do

---

[294] A expressão entre aspas é tradução de expressão do autor, GERATHEWOHL, Klaus. *Reinsurance*: principles and practice. Vol. I. Karlsruhe: Verlag, 1982, p. 521. O exame do risco ressecuritário, a repercutir sobre o prêmio e garantia, conforme cada forma e modalidade técnica, é objeto de ponto específico integrante do capítulo primeiro, da primeira parte deste trabalho. Também expressa a necessidade de articulação da partilha da álea em vista da forma e modalidade, MARTINS-COSTA, Judit. O Contrato de Resseguro e o Princípio da Partilha da Álea, *in Revista Brasileira do Seguro e da Responsabilidade Civil*, v. 1, 2009, p. 157-179.

[295] MARTINS-COSTA, Judit. Op. cit., p. 157-179.

[296] Acerca das cláusulas gerais, consultar parte específica e profunda a respeito do tema, desenvolvida por Judith Martins-Costa. *A boa-fé no Direito Privado*: sistema e tópica no processo obrigacional. São Paulo: Revista dos Tribunais, 1999, p. 273- 377. Uma versão sintetizada da compreensão de cláusula geral, procedida pela mesma autora, está em O Direito Privado como um "sistema em construção": as cláusulas gerais no Projeto do Código Civil Brasileiro, *in Revista de Informação Legislativa*, Brasília, v. 139, 1998, p. 5-22.

[297] "Art. 187. Também comete ato ilícito o titular de um direito que, ao exercê-lo, excede manifestamente os limites impostos pelo seu fim econômico ou social, pela boa-fé ou pelos bons costumes." Código Civil, Lei 10.406/2002.

negócio" e, assim, explica a razão de ser o resseguro, enquanto instituto jurídico, "produto da técnica jurídica" capaz de garantir "o interesse da seguradora contra os riscos próprios de sua atividade, decorrentes da celebração e execução de contratos de seguro". Para Martins-Costa, ao apontar a razão de ser do resseguro, o critério da função econômico-social revela a instrumentalidade do princípio da partilha da álea, cujos contornos serão dados pela boa-fé e os bons costumes, estes entendidos como "a boa prática no mercado securitário". Em síntese, a boa-fé, em suas feições subjetiva e objetiva, coordena-se para fundamentar o limite relacionado à conduta do segurador-ressegurado. Por outro lado, a boa prática do negócio securitário se relaciona com a verificação da prática securitária que, imersa no contexto do mercado securitário, "embora irregular, não deve desbordar o que, contextualmente, se poderia taxar de uma ação tradutora da boa prática dos negócios [...] se entendendo como aquela usual e, no momento, aceita no setor do mercado em causa, em acordo à função prática cometida ao resseguro e ao seu concreto desenho no caso".[298]

Por certo função econômico-social e função social do contrato guardam relação, mas não identidade, encadeando-se no curso da história das ideias funcionalistas, que marcaram de modo especial os séculos XIX e XX, este em suas primeiras décadas.[299] Coexistentes no terreno do negócio jurídico, função econômico-social e função social do contrato desempenham papéis diferentes entre si, mas inter-relacionados.

A causa, enquanto "elemento de concreção" do princípio da função social, serve à verificação da "razão justificativa do ato, [d]a função econômica do negócio e [d]o intento prático das partes que muitas vezes não deve ser buscada no contrato, mas tem natureza sistêmica, supracontratual".[300] De outro lado, a função social do contrato, "expressão da socialidade no Direito Privado", se constitui em princípio de

---

[298] Os trechos entre aspas são todos da autora citada, MARTINS-COSTA, Judith. O Contrato de Resseguro e o Princípio da Partilha da Álea, in *Revista Brasileira do Seguro e da Responsabilidade Civil*, v. 1, 2009, p. 157-179.

[299] As "origens da função social na doutrina" é tema ao qual se dedicou Gerson Branco, detendo-se sobre as obras dos principais expoentes da ideia de funcionalidade do direito, nomeadamente Rudolf Von Jhering [A finalidade do direito], Léon Duguit [*Las transformaciones generales del derecho privado desde el Código de Napoléon*], Enrico Cimbali [*La funzione sociale dei contratti e la causa giuridica della loro forza obbligatoria*, e textos que compõem sua *Opere Complete*], Karl Renner [*Die soziale Funktion der Rechtsinstitute*] e, evidentemente, Emilio Betti [*Teoria Geral dos Negócios Jurídicos*] BRANCO, Gerson Luiz Carlos. *Função Social dos Contratos*: interpretação à luz do Código Civil. São Paulo: Saraiva, 2009, p. 40-90.

[300] Judith Martins-Costa, ao abordar o princípio da função social, expressamente referido no Código Civil vigente, inicia suas explanações observando, de antemão, a distinção entre causa-função e função-social. Novas reflexões sobre o princípio da função social dos contratos, in *Separata*. Estudos de Direito do Consumidor - Coimbra, Vol. 7, 2005, p. 49-50, em nota de rodapé.

"valor integrativo da disciplina contratual [operativo] e vinculante ao intérprete [prospectivo]", intimamente ligado ao princípio da liberdade de contratar, e opera, em linhas gerais: (a) como limite à liberdade de contratar; e (b) como fundamento da liberdade de contratar. Na qualidade de fundamento, a função social do contrato alcança duas dimensões em face da relação contratual (intersubjetiva e transubjetiva), instituindo "outros deveres de conduta" (ou "deveres de proteção"), que não se identificam com os deveres de prestação, e que possuem eficácia positiva e negativa.[301]

O princípio da função social articula-se frente ao contrato, um fato social, e não frente à relação contratual, relação restrita à esfera jurídico-patrimonial dos contratantes, por isso preservando-se o *princípio da relatividade dos contratos*. O princípio se atém, assim, à *eficácia* do contrato, entre as partes contratantes [*intersubjetiva*], pautando sua conduta em relação à utilização dos bens em razão de sua destinação; ou em relação à projeção social que o bem negociado alcança; ou, ainda, em relação ao interesse comum subjacente à racionalidade econômico-social do contrato (como no contrato de seguro, característico pela mutualidade subjacente).

Detém-se, outrossim, o princípio da função social à eficácia *transubjetiva* do contrato, ligando-se aos interesses institucionais, sob os quais se articulam interesses individual e coletivo, neste caso atuando como "lei de referência" em vista da "sistematização de soluções" necessárias às questões que se colocarem. Marcado pelo paradigma da cooperação, o princípio em tela pode balizar: a) a tutela externa do crédito; b) os contratos com interdependência funcional; e c) os contratos com repercussão sobre terceiros não determinados ou bens fundamentais da comunidade.[302]

Assume especial relevo, para os fins ora propostos, a *eficácia transubjetiva atinente aos contratos com interdependência funcional*, caracterizada pela "expansão da eficácia de um contrato em outro, ou em outros contratos, desde que entre esses haja vínculo funcional ou finalístico".[303] Refuta-se, em princípio, que a relação entre seguro e resseguro possa ser explicada segundo a existência de uma *supracontratualidade* nos termos do que se dá, por exemplo, nas redes contratuais,[304] motivo

---

[301] As expressões entre aspas e a ideia ora sintetizada são de MARTINS-COSTA, Judith. Novas reflexões sobre o princípio da função social dos contratos, *in Separata*. Estudos de Direito do Consumidor - Coimbra, Vol. 7, 2005, p. 49-109.

[302] Expressões e síntese da lição de MARTINS-COSTA, Judith. Op. cit., p. 49-109.

[303] Idem, p. 103.

[304] Refuta-se, igualmente e em princípio, a explicação do nexo funcional entre seguro e resseguro a partir dos critérios que são caros às teorias que explicam os contratos relacionais, ou os contratos

pelo qual a abordagem ora proposta é tomada com reservas. A eficácia transubjetiva atinente aos contratos com interdependência funcional é questionada, em primeiro lugar, sob a admissão de *graus de interdependência*, a repercutir na modulação do que se considera por supracontratualidade.[305]

Em que pese o artigo 187 do Código Civil ofereça os critérios fundamentais à partilha da álea,[306] o âmbito ressecuritário, no que toca às questões contratuais, é ainda fortemente regulado pela autonomia privada, da qual é manifestação a liberdade de contratar e a liberdade contratual, balizadas pela função social do contrato. Sob tal perspectiva, é pertinente considerar que também o art. 421 do Código Civil possa ser tomado a contento para explicar o nexo funcional entre seguro e resseguro, com isso balizando a aplicação da partilha da álea.

---

coligados, ou os contratos conexos. Para exame da concepção e articulação da ideia de supracontratualidade, é esclarecedor o parecer de MARTINS-COSTA, Judith. O fenômeno da supracontratualidade e o princípio do equilíbrio: inadimplemento de deveres de proteção (violação positiva do contrato) e deslealdade contratual em operação de descruzamento acionário. *Revista trimestral de direito civil*, v. 26, abril-jun 2006, p. 213 a 249. Quanto aos contratos relacionais, a obra que introduziu tal teoria, precursoramente desenvolvida pelo norte-americano Ian Macneil, defendendo sua aplicabilidade no direito contratual brasileiro é de MACEDO JR., Ronaldo Porto. *Contratos relacionais e defesa do consumidor*. 2ª ed. revista, ampliada e atualizada. São Paulo: RT, 2007. Sobre os contratos coligados, de matriz italiana, é *abrangente e profundo o exame de MARINO, Francisco Paulo de Crescenzo*. Contratos coligados no Direito Brasileiro. São Paulo: Saraiva, 2009. Traçando uma abordagem conciliatória da teoria dos contratos coligados, matriz italiana, com a teoria dos grupos de contratos, matriz francesa, KONDER, Carlos Nelson. *Contratos conexos*: grupos de contratos, redes contratuais e contratos coligados. Rio de Janeiro: Renovar, 2006. Também sobre redes contratuais, ver: LEONARDO, Rodrigo Xavier. *Redes contratuais no Mercado Habitacional*. São Paulo: Revista dos Tribunais, 2004; LORENZETTI, Ricardo. Redes contractuales: conceptualización jurídica, relaciones internas de colaboración, efectos frente a terceros, *in Revista de Direito do Consumidor*, n. 28, outubro/dezembro 1998, p. 23-58.

[305] Encoraja tal formulação a afirmação de que o inventário das eficácias transubjetivas ainda está por ser feito. MARTINS-COSTA, Judith. Novas reflexões sobre o princípio da função social dos contratos, *in Separata*. Estudos de Direito do Consumidor - Coimbra, Vol. 7, 2005, p. 49-109.

[306] E essa é a solução à questão da partilha da álea trazida por MARTINS-COSTA, Judith. O Contrato de Resseguro e o Princípio da Partilha da Álea, *in Revista Brasileira do Seguro e da Responsabilidade Civil*, v. 1, 2009, p. 157-179.

Conclusão

A consecução do objetivo pretendido – exame da partilha da álea no contrato de resseguro, o ponto de contato entre resseguro e seguro – demandou um [primeiro] desafio em particular quanto ao enfrentamento do tema: demonstrar a autonomia jurídica e econômica do resseguro frente ao seguro; e, concomitantemente, explicar a complexa trama da conexão funcional existente entre ambas as figuras contratuais. A busca da superação de tal desafio justificou a opção pelo contraste persistente entre resseguro e seguro, ambos inseridos no negócio securitário.

Resseguro e seguro demandam o elemento *empresa*: só a empresa reúne as condições necessárias para respaldar técnica e atuarialmente o seguro, e econômica e financeiramente o resseguro.

Enquanto negócios securitários, resseguro e seguro possuem os mesmos elementos essenciais abstratamente considerados. O objeto de qualquer dos contratos é um *interesse* em relação a determinado bem, frente a predeterminado *risco*. O *prêmio* constitui-se na prestação devida pelo segurado frente ao segurador, no seguro, e pelo segurador-ressegurado frente ao ressegurador, no resseguro. A *garantia*, contraprestação colocada frente ao prêmio, impõe-se ao segurador em relação ao segurado, no seguro, e ao ressegurador em relação ao segurador-ressegurado, no resseguro.

No plano concreto da relação instrumentalizada pelo contrato de resseguro tais elementos não guardam identidade, independente da forma operacional (resseguro facultativo ou tratado de resseguro) e da modalidade técnica (resseguro proporcional e resseguro não proporcional) tomada em consideração. O interesse a ser salvaguardado é o da seguradora em relação ao fundo comum formado, o que, em última análise, resguarda a higidez e solvabilidade de seu patrimônio frente aos riscos oriundos do exercício de sua atividade. O prêmio e a contrapartida garantia serão apurados conforme critérios qualitativos, se resseguro facultativo; proporcionais, se tratado de resseguro proporcional; e quantitativos, se tratado de resseguro não proporcional, critérios também presentes no balizamento da partilha da álea.

Resseguro e seguro voltam-se à consecução de uma *garantia*, tanto como contraprestação, quanto como expressão da função econômico-social do negócio securitário. No resseguro esta função – especificada pelas funções de (i) atomização e divisão do risco, (ii) financiamento ou de crédito, e (iii) prestação de serviço – revela-se através da diluição ou limitação dos efeitos jurídico-econômicos decorrentes do exercício da atividade precípua da seguradora-ressegurada: fornecimento de seguro.

Constantemente, resseguro e seguro se aproximam e se afastam, mantendo-se, contudo, sempre *funcionalmente conectados*: a partilha da álea, princípio pelo qual o ressegurador compartilha os resultados experimentados pelo segurador-ressegurado, constitui a expressão sintetizada dessa dinâmica.

O segundo desafio colocado diz respeito à partilha da álea, e para tanto se entendeu oportuno iniciar pela compreensão do que está sob partilha. A álea, assim, restou examinada em suas principais significações. Iniciou-se pela abordagem da *álea negocial*, inerente aos contratos classificados como aleatórios, entre os quais resseguro e seguro *não* se enquadram. Constitui-se a álea negocial em uma *função de risco* do negócio, ligada ao lucro incerto e à indeterminação das prestações, e admite a modalidade convencional.

Passou-se ao exame da chamada *álea normal*, distinta da álea negocial por vincular-se à distribuição de riscos do contrato, e ser marcada pelo risco de inadimplemento e pelo risco de diminuição da satisfação econômica do negócio. Outrossim, a álea normal evidenciou-se paradigmática à compreensão de: *superação da álea normal*, atinente à figura da onerosidade excessiva; *álea normal ilimitada*, presente nos contratos em que as partes consentem com elevada margem de risco; e *álea normal estendida*, capaz de explicar o aumento da margem da risco não pela natureza do contrato, mas pela convenção das partes.

Analisou-se, por fim, o *risco do negócio securitário*, distinguindo-o da álea negocial e da álea normal, para evidenciar sua condição de espécie do gênero *risco contratual*, no qual se insere a álea amplamente considerada: o dado de parentesco entre tais espécies de risco é, por certo, a consequência econômica de um evento incerto, ao qual se associa a contraposição entre risco e segurança, característica marcante dos negócios securitários.

O último e principal desafio cindiu-se: (1) na elaboração do conceito da partilha da álea, por intermédio da conciliação entre seus fundamentos principais, quais sejam a conexão funcional e a máxima boa-fé; (2) na confrontação entre a *partilha da álea* (ou partilha do destino), ligada à sorte técnica, e a *partilha das ações* do segurador, ligada à sorte técnico-comercial do segurador-ressegurado; e (3) na verificação dos limites à partilha da álea, para tanto se sustentou a pertinência dos fundamentos da conexão funcional e da boa-fé, aliados ao princípio indenitário, bem assim sinalizou-se à incidência dos artigos 187 e 421 do Código Civil vigente, os quais, dada a sua natureza, conteúdo e pertinência, poderão servir ao tratamento jurídico do tema.

As soluções oferecidas ao balizamento da partilha da álea no contrato de resseguro pretendem organizar os limites usualmente traçados pela doutrina especializada (má-fé, pagamento *ex-gratia*, violação aos termos do contrato), sistematizando-os segundo os preceitos que tocam o conceito da partilha da álea – boa-fé e conexão funcional – e em conformidade ao princípio indenitário. A incidência dos dispositivos legais mencionados constituem-se em soluções anunciadas, capazes de dar conta dos problemas que se colocam à partilha da álea, ainda não regulada especificamente pelo ordenamento jurídico nacional.

Buscou-se, a todo momento, superar os desafios relativos ao enfrentamento do tema, examinando-se a partilha da álea de forma dirigida à elaboração de uma contribuição positiva e relevante ao tratamento jurídico do contrato de resseguro, tão incipiente na conjuntura atual do mercado securitário do país. Se, contudo, da trama o desenlace resultou exitoso, o leitor poderá avaliar.

Bibliografia

ALPA, Guido. Rischio, in *Enciclopedia del Diritto*, Vol. Xl Restituzione – Riunione. Varese: Giuffrè, 1989, p. 1144-1159.

ALVIM, Pedro. *O seguro e o novo Código Civil* [organização e compilação de Elizabeth Alvim Bonfioli]. Rio de Janeiro: Forense, 2007.

ANGELI, Giorgio. *La riassicurazione*: teoria, pratica e tematiche varie. 2ª ed. aggiornata integrate. Milano: Giuffrè, 1981.

ÂNGULO RODRÍGUEZ, Luis de. Consideraciones preliminares sobre el reaseguro, *in* ÂNGULO RODRÍGUEZ, Luis de y otros. *Estudios sobre el contrato de reaseguro*. Madrid: Editorial Española de Seguros, 1997, p. 19-69.

ASCARELLI, Tulio. *Panorama do Direito Comercial*. São Paulo: Saraiva Livraria Acadêmica, 1947.

AVILA, Humberto. *Segurança Jurídica*: entre permanência, mudança e realização no Direito Tributário. 1. ed. São Paulo: Malheiros, 2011.

BARZOTTO, Luis Fernando. *Filosofia do direito*: os conceitos fundamentais e a tradição jusnaturalista. Porto Alegre: Livraria do Advogado, 2010.

BAUMAN, Zygmunt. *44 cartas do mundo líquido moderno*. Tradução de Vera Pereira. Rio de Janeiro: Zahar, 2011.

——. *Medo líquido*. Tradução de Carlos Alberto Medeiros. Rio de Janeiro: Zahar, 2008.

BELLEROSE, R. Philippe. *Reinsurance for the beginner*. London: Witherby, 1998.

BECK, Ulrich. *Sociedade de Risco*: rumo a uma outra modernidade. São Paulo: Editora 34, 2010.

BETTI, Emilio. *Teoria Geral do Negócio Jurídico*. Tradução de Fernando de Miranda. Tomos I e II. Coimbra: Coimbra, 1969.

BERCOVICI, Gilberto. IRB – Brasil *Resseguros S.A. Sociedade de Economia Mista*. Monopólio de Fato. Dever de contratar e proteção à ordem pública econômica, *in* Revista de Direito do Estado, n. 12, Rio de Janeiro, outubro/dezembro de 2008, p. 355-357.

——. *Os limites ao poder normativo do Conselho Nacional de Seguros Privados (CNSP)*: a inconstitucionalidade da Resolução CNSP nº 224/2010 e da Resolução CNSP nº 225/2010, São Paulo, março de 2011 (parecer não publicado).

BERNSTEIN, Peter L. *Desafio aos deuses*: a fascinante história do risco. Tradução Ivo Korytowski. Rio de Janeiro: Campus, 1997.

BRANCO, Gerson Luiz Carlos. A proteção das expectativas legítimas derivadas das situações de confiança: elementos formadores do princípio da confiança e seus efeitos, *in Revista de Direito Privado*, n. 12, Ano 3, outubro-dezembro 2002, p. 169-225

——. *Função Social dos Contratos*: interpretação à luz do Código Civil. São Paulo: Saraiva, 2009.

BROSETA PONT, Manuel. *El contrato de reaseguro*. Madrid: Aguilar, 1961.

BUTTARO, Lucca. Assicurazione (contratto di), *in Enciclopedia Del Diritto*, Vol. III Ari – Atti. Varese: Giuffrè, 1958, p. 455-492.

——. Riassicurazione, *in Encicplopedia del Diritto*, Vol. XI Restituzione – Riunione. Varese: Giuffrè, 1989, p. 376-390.

CAPALDO, Giuseppina. *Contratto aleatorio e alea*. Milano: Giuffrè, 2004.

CAPOTOSTI, Renzo A. *La riassicurazione*: Il contratto e l'impresa. Torino: Utet, 1991.

COMIRAN, Giovana Cunha. *Atipicidade contratual*: entre a autonomia privada e o tipo. Dissertação de Mestrado, Universidade Federal do Rio Grande do Sul. Faculdade de Direito. Programa de Pós-Graduação em Direito, Porto Alegre, 2007.

COMPARATO, Fabio Konder. *O Seguro de Crédito*. São Paulo, Revista dos Tribunais, 1968.

COUTO E SILVA, Clóvis Veríssimo do. Teoria da causa no Direito Privado, *in* FRADERA, Véra Maria Jacob de (org.). *O Direito Privado brasileiro na visão de Clóvis do Couto e Silva*. Porto Alegre: Livraria do Advogado, 1997, p. 59-71.

CROLY, Colin V. Fallos ingleses referidos a las cláusulas "follow the settlements" ("seguir al asegurador en sus ajustes o acuerdos"), *in* BARBATO, Nicolás (coord.). *Derecho de seguros*: homenage de AIDA al profesor doctor Juan Carlos Felix Morandi. Buenos Aires: Depalma Hammurabi, 2001, p. 458-467.

DAMIANI, Enrico. *Contratto di assicurazione e prestazione di sicurezza*. Milano: Giuffrè, 2008.

DELFINI, Francesco. *Autonomia privata e rischio contrattuale*. Roma: Giuffrè, 1999.

DI GIANDOMENICO, Giovanni. I contratti aleatori, *in* ALPA, Guido; BESSONE, Mario (dir.). *I contratti in generale*. Torino: UTET, 1991, p. 665-688.

DIAS, André Orengel. *Resseguro e desenvolvimento*: entre Estado e Mercado, Lei e Contrato. Dissertação de mestrado, Escola de Direito da Fundação Getúlio Vargas, São Paulo, 2011.

DÍAZ BRAVO, Arturo. El reaseguro financiero, *in Revista Ibero-latinoamericana*, n. 13, agosto 1999, p. 139-144.

ELIAS, Norbert. *A sociedade dos indivíduos*. Tradução de Vera Ribeiro. Rio de Janeiro: Jorge Zahar Editor, 1994.

EWALD, François. *Foucault: a norma e o Direito*. Tradução de António Fernando Cascais. Lisboa: VEGA, 1993.

——. Risco, sociedade e justiça, *in Anais do II Fórum de direito do seguro José Sollero Filho*. São Paulo: Manuais Técnicos de Seguros / IBDS, 2002, p. 27-42.

FERNÁNDEZ DIRUBE, Ariel. *Manual de reaseguros*. 2ª ed. Buenos Aires: Biblioteca General RE, 1993.

FRAGALI, Michele. Garanzia (premessa, garanzia e diritti di garanzia), *in Enciclopedia del Diritto*, Vol. XVIII Foro – Giud. Varese: Giuffrè, 1969, p. 446-484.

FRANCO, Vera Helena de Mello. *Lições de direito securitário*: seguros terrestres privados. São Paulo: Maltese, 1993.

FRANTZ, Laura Coradini. *Revisão dos Contratos*: elementos para sua construção dogmática. São Paulo: Saraiva, 2007.

GAMBINO, Eccessiva onerosità della prestazione e superamento dell'alea normale del contratto, *in Rivista del diritto commerciale e del diritto generale delle obbligazioni*, vol. 58, I, 1960.

GABRIELLI, Enrico. Il rischio contrattuale, *in* ALPA, Guido; BESSONE, Mario (dir.). *I contratti in generale*. Vol. I. Torino: UTET, 1991, p. 623-663.

——. *Alea e rischio nel contratto*. Napoli: Edizioni Scientifiche Italiane, 1997.

GARRIGUES, Joaquín. *Contrato de seguro terrestre*. Madrid: Aguirre, 1982.

GERATHEWOHL, Klaus. *Reinsurance: principles and practice*, Vol I e II. Karlsruhe: Verlag, 1982.

GOMES, Orlando. *Transformações gerais do direito das obrigações*. 2ª ed. aumentada. São Paulo: Revista dos Tribunais, 1980.

HAGOPIAN, Mikaël. La réassurance, *in* BIGOT, Jean (dir.), *Traité de Droit des Assurances*, Tome I (Enterprises et organismes d'assurance), 2ª ed. Paris: LGDJ, 2009, p. 513-583.

HALPERIN, Isaac. *Lecciones de seguros*. Buenos Aires: DEPALMA, 1997.

HILL PRADOS, Maria Concepción. *El reaseguro*. Barcelona: Bosch, 1995.

IPPOLITO, Rosario. *L'evoluzione normativa del rischio nella teoria dell'assicurazione* (prima parte), in Assicurazioni, Anno XLVIII, Fasc. 2, Marzo-Aprile 1981, p. 155-185.

——. L'evoluzione normativa del rischio nella teoria dell'assicurazione (seconda parte), *in Assicurazioni*, Anno XLVIII, Fasc. 4, luglio-Agosto 1981, p. 387-415.

——. L'evoluzione normativa del rischio nella teoria dell'assicurazione (terza parte), *in Assicurazioni*, Settembre-Dicembre, 1981, Anno XLVIII, Fasc. 5-6, p. 477-492.

JARAMILLO J., Carlos Ignacio. Configuración y alcances de La 'comunidad de suerte' en el contrato de reaseguro, *in Revista Ibero-LatinoAmericana de Seguros*, n. 10, Julio 1997, p. 91-134.

——. *Distorsión funcional del contrato de reaseguro tradicional*. Santa Fé de Bogotá: Fundación Cultural Javeriana (JAVEGRAF), 1999.

KONDER, Carlos Nelson. *Contratos conexos*: grupos de contratos, redes contratuais e contratos coligados. Rio de Janeiro: Renovar, 2006.

LEONARDO, Rodrigo Xavier. *Redes contratuais no Mercado Habitacional*. São Paulo: Revista dos Tribunais, 2004.

LOPES, José Reinaldo de Lima. O aspecto distributivo do Direito do Consumidor, *in Revista de Direito do Consumidor*, n. 47, ano 11, jan-mar 2002, p. 140-150.

——. *Direitos Sociais Teoria e Prática*. São Paulo: Editora Método, 2006.

LÓPEZ SAAVEDRA, Domingo M; PERUCCHI, Héctor A. *El contrato de reaseguro y temas de responsabilidad civil*. Buenos Aires: La Ley, 1999.

LORENZETTI, Ricardo. Redes contractuales: conceptualización jurídica, relaciones internas de colaboración, efectos frente a terceros, *in Revista de Direito do Consumidor*, n. 28, outubro/dezembro 1998, p. 23-58.

MACEDO JR., Ronaldo Porto. *Contratos relacionais e defesa do consumidor*. 2ª ed. revista, ampliada e atualizada. São Paulo: RT, 2007.

MARINO, Francisco Paulo de Crescenzo. *Contratos coligados no Direito Brasileiro*. São Paulo: Saraiva, 2009.

MARTINS, João Marcos Brito; MARTINS, Lídia de Souza. *Resseguros*: fundamentos técnicos e jurídicos. Rio de Janeiro: Forense Universitária, 2008.

MARTINS-COSTA, Judith. *A incidência do Princípio da Boa-fé no período pré-negocial*: reflexões em torno de uma notícia jornalística, *in* Revista de Direito do Consumidor – Edição especial: o controle da publicidade, 1992, p. 140-172.

——. O Direito Privado como um "sistema em construção": as cláusulas gerais no Projeto do Código Civil Brasileiro, *in Revista de Informação Legislativa*, Brasília, v. 139, 1998, p. 05-22.

——. *A boa-fé no Direito Privado*: sistema e tópica no processo obrigacional. São Paulo: Revista dos Tribunais, 1999.

——. Mercado e solidariedade social entre cosmos e taxis: a boa-fé nas relações de consumo, in MARTINS-COSTA, Judith (org). *A Reconstrução do Direito Privado*. São Paulo: Revista dos Tribunais, 2002, p. 611-661.

——. O co-seguro no direito brasileiro: entre a fragilidade da prática e a necessidade de reconstrução positiva do instituto, *in Anais do II Fórum de direito do seguro José Sollero Filho*. São Paulo: Manuais Técnicos de Seguros: IBDS, 2002, p. 339-357.

——. A boa-fé e o seguro no novo Código Civil brasileiro (virtualidades da boa-fé como regra e como cláusula geral), *in Anais do III Fórum de Direito do Seguro José Sollero Filho*. São Paulo: Manuais Técnicos de Seguro / IBDS, 2003, p. 57-101.

——. Novas reflexões sobre o princípio da função social dos contratos, *in Separata* Estudos de Direito do Consumidor - Coimbra, Vol. 7, 2005, p. 49-109.

——. Método da concreção e a interpretação dos contratos: primeiras notas de uma leitura suscitada pelo Código Civil, in DELGADO, Mário Luiz e ALVES, Jones Figueiredo (Org.). *Questões Controvertidas no Direito das Obrigações e nos Contratos*. São Paulo: Método, 2005, p. 127-155.

——. Oferta pública para a aquisição de ações (OPA) – Teoria da Confiança – Deveres de proteção violados – A disciplina informativa e o mercado de capitais – responsabilidade pela confiança – Abuso de poder de controle (parecer), *in Revista de Direito Mercantil*, Industrial, Econômico e Financeiro, v. 140, ano XLIV (Nova Séria), out-dez 2005, p. 229-270.

——. O fenômeno da supracontratualidade e o princípio do equilíbrio: inadimplemento de deveres de proteção (violação positiva do contrato) e deslealdade contratual em operação de descruzamento acionário (parecer), *in Revista trimestral de direito civil*, v. 26, abril-jun 2006, p. 213 a 249.

——. Os campos normativos da Boa-fé objetiva: as três perspectivas do Direito Privado Brasileiro, *in* AZEVEDO, Antonio Junqueira; TORRES, Heleno Taveira; CARBONE, Paolo (Org.). *Princípios do Novo Código Civil Brasileiro e outros temas*. Homenagem a Tulio Ascarelli. São Paulo: Quartier Latin, 2008, p. 388-421.

——. Comentários ao Novo Código Civil: do inadimplemento das obrigações arts. 389 a 420. Volume V, Tomo II, *in* TEIXEIRA, Sálvio de Figueiredo (coord.). *Comentários ao Novo Código Civil*. Rio de Janeiro: GEN/Forense, 2009.

——. O Contrato de Resseguro e o Princípio da Partilha da Álea, *in Revista Brasileira do Seguro e da Responsabilidade Civil*, v. 1, 2009.

——. Sugestão de redação do art. 66, do PL 3.555/2004 (*follow the fortune*), *in IBDS – Instituto Brasileiro de Direito do Seguro* (org.). Contrato de seguro: uma lei para todos PL 3.555/2004. São Paulo: IBDS, 2009, p. 253-261.

——. Contratos. Conceito e evolução, *in* LOTUFO, Renan; NANNI, Giovanni Ettore (coord). *Teoria geral dos contratos*. São Paulo: Atlas, 2011.

MARTINS-COSTA, Judith; PARGENDLER, Mariana Souza. Usos e Abusos da Função Punitiva (*punitive damages* e o Direito Brasileiro), *in Revista da Ajuris*, v. 100, 2005, p. 229-262.

MELLO, Maria Chaves de. *Dicionário jurídico português-inglês / inglês-português*, 8ª ed. revista, atualizada e ampliada. São Paulo: Método, 2006.

MOITINHO DE ALMEIDA, José Carlos. *O contrato de seguro no direito português e comparado*. Lisboa: Sá da Costa, 1971.

MONTI, Alberto. *Buona fede e assicurazione*. Milano: Dott A. Giuffrè, 2002.

——. Boa-fé e seguro: o novo Código Civil brasileiro e o Direito Comparado, *in Anais do III Fórum de Direito do Seguro José Sollero Filho*. São Paulo: Manuais Técnicos de Seguro / IBDS, 2003, p. 103- 153.

——. A boa-fé no Projeto de Lei n.º 3.555/2004, *in Anais do IV Fórum de Direito do Seguro José Sollero Filho*. São Paulo: IBDS, 2006, p. 23-46.

MUÑOZ PAREDES, José María. O co-seguro tradicional e o contemporâneo, *in Anais do II Fórum de direito do seguro José Sollero Filho*. São Paulo: Manuais Técnicos de Seguros: IBDS, 2002, p. 299-337.

NARVAEZ BONNET, Jorge Eduardo. El riesgo en el contrato de reaseguro, *in Anais do I Fórum de Direito do Seguro José Sollero Filho*. São Paulo: Max Limonad, 2001, p. 161-212.

NASSETTI, Francesco Caputo. I contratti derivati finanziari. Milano: Giuffrè, 2007.

NICOLÁS, Veronique. Contribución al estúdio del riesgo en el contrato de seguro [tradução de Hilda Esperanza Zornoza], *in Revista Ibero-latinoamericana de Seguros*, n. 14, abril 2000, p. 33-53.

NICOLÒ, Rosario. Alea, *in Enciclopedia del Diritto*, Vol. I Ab – Ale. Varese: Giuffrè, 1958, p. 1024 – 1031.

PASQUALOTTO, Adalberto. *Contratos nominados III*: seguro, constituição de renda, jogo e aposta, fiança, transação e compromisso. (Biblioteca de direito civil. Estudos em homenagem ao Professor Miguel Reale; v. 9. coordenação Miguel Reale e Judith Martins-Costa). São Paulo: Editora Revista dos Tribunais, 2008.

PASSOS, J. J. Calmon de. A atividade securitária e sua fronteira com os interesses transindividuais. Responsabilidade da SUSEP e Competência da Justiça Federal. *Revista dos Tribunais*, v. 763, maio 1999, p. 95-102.

——. O risco na sociedade moderna e seus reflexos na teoria da responsabilidade civil e na natureza jurídica do contrato de seguro. Jus Navigandi, Teresina, ano 7, n. 57, 1 jul. 2002, disponível em <http://jus.uol.com.br/revista/texto/2988>, acessado em 21 de novembro de 2011.

PIZA, Paulo Luiz de Toledo, A mora da seguradora e o controle da regulação de sinistro pela resseguradora, *in Anais do II Fórum de Direito do Seguro José Sollero Filho*, São Paulo: EMTS/IBDS, 2001, p. 163-178.

——. *Contrato de Resseguro*: tipologia, formação e Direito Internacional. São Paulo: Manuais Técnicos de Seguros: IBDS, 2002.

PONTES DE MIRANDA, Francisco C. *Tratado de Direito Privado*. Tomos XLV e XLVI. Rio de Janeiro: Borsoi, 1964.

PORTO MACEDO JR., Ronaldo. *Contratos relacionais e defesa do consumidor*. 2ª ed. revista, ampliada e atualizada. São Paulo: RT, 2007.

REALE, Miguel. *O projeto de Código Civil*: situação atual e seus problemas fundamentais. São Paulo: Saraiva, 1986.

ROMERO MATUTE, Blanca. El contrato de reaseguro: algunos aspectos de su régimen jurídico (primera parte), *in Revista Ibero-latinoamericana de Seguros*, n. 13, agosto de 1999, p. 97-137.

——. El contrato de reaseguro: algunos aspectos de su régimen jurídico (secunda parte), *in* Revista Ibero-Latinoamericana, n. 14, abril 2000, p. 135-207.

ROPPO, Enzo. *O contrato*. Tradução de Ana Coimbra e M. Januário C. Gomes. Coimbra: Almedina, 2009.

ROSA, João Guimarães. *Grande sertão: veredas*. Rio de Janeiro: Nova Fronteira, 2006.

SAMPAIO DE LACERDA, J. C. *Curso de Direito Comercial Marítimo e Aeronáutico* (Direito Privado da Navegação). 3ª ed. melhorada e atualizada. Rio de Janeiro: Livraria Freitas Bastos, 1957.

SÁNCHEZ VILLABELLA, Jorge. *El contrato de reaseguro:* manual técnico-jurídico. Madrid: Editorial Española de Seguros, 2002.

SARAIVA, F. R. dos Santos. *Dicionário Latino-português*. Garnier, 2006.

SCALFI, Gianguido. *I contratti di assicurazione*. L'assicurazione danni. Torino: UTET, 1991.

SCARPA, A. (a cura di). *L'assicurazione*: parti, contratto, danno e processo. Torino: Giappichelli editore, 2001.

SILVA, Luis Renato Ferreira da. *Reciprocidade e contrato*: a Teoria da Causa e sua aplicação nos contratos e nas relações "paracontratuais". Porto Alegre: Livraria do Advogado, 2013.

SILVA, Ovídio Baptista da. *O Seguro e as sociedades cooperativas*: relações jurídicas comunitárias. Porto Alegre: Livraria do Advogado, 2008.

SILVEIRA BUENO, Francisco. *O Grande Dicionário Etimológico* - Prosódio da Língua Portuguesa. Vol. I. São Paulo: Saraiva, 1963.

STIGLITZ, Rúben S. *Derecho de Seguros*, T. I. Buenos Aires: Abeledo-perrot, 1997.

——. *Derecho de Seguros*, T. III, 4ª ed. actualizada y ampliada. Buenos Aires: La Ley, 2004.

TZIRULNIK, Ernesto. *Regulação de sinistro (ensaio jurídico)*: seguro e fraude, 3ª ed. São Paulo: Max Limonad, 2001.

——. TZIRULNIK, Ernesto. Princípio indenitário no contrato de seguro (parecer), *in* Revista dos Tribunais, Ano 88, Vol. 759, janeiro 1999, p. 89-121.

——; CAVALCANTI, Flávio de Queiroz B. PIMENTEL, Ayrton. *O Contrato de Seguro de acordo com o Novo Código Civil Brasileiro*. 2ª ed. São Paulo: RT, 2003.

VASQUES, José. *Contrato de seguro*: notas para uma teoría geral. Coimbra: Coimbra, 1999.

VILÁ, Nancy Anamaria. Naturaleza del reaseguro, *in* BARBATO, Nicolás (coord). *Derecho de seguros*: homenage de AIDA al profesor doctor Juan Carlos Felix Morandi. Buenos Aires: Depalma Hammurabi, 2001, p. 439-450.

Impressão:
Evangraf
Rua Waldomiro Schapke, 77 - POA/RS
Fone: (51) 3336.2466 - (51) 3336.0422
E-mail: evangraf.adm@terra.com.br